생각하는 그리스도인

IVP(InterVarsity Press)는
캠퍼스와 세상 속의 하나님나라 운동을 지향하는
IVF(InterVarsity Christian Fellowship)의 출판부로서
생각하는 그리스도인을 위한 문서 운동을 실천합니다.

Originally published as *Your Mind Matters* by John R. W. Stott
© 1972 by IVP UK
Translated by permission of IVP UK,
Norton Street, Nottingham, NG7 3HR, England

Korean Edition © 1984, 2015 by Korea InterVarsity Press
156-10 Donggyo-Ro, Mapo-Gu, Seoul 04031, Korea

생각하는 그리스도인

반지성주의 시대를 사는 그리스도인에게 고함

존 스토트
한화룡 옮김

● **일러두기**
본서는 1984년에 출간한 「그리스도인의 사고 활용과 성숙」에 새로운 서문을 포함하고 번역을 전면 수정한 개정판입니다.

차례

개정판 서문　　　7

초판 서문　　　11

1. 지성을 잃어버린 기독교　　　13

2. 지성의 성경적 기초　　　21

3. 지성과 그리스도인의 삶　　　49

4. 지성에 근거한 행동　　　89

주　　　99

개정판 서문

존 스토트가 이 책의 기초가 된 강연을 했던 1972년 당시, 그가 겨냥한 것은 기독교 반지성주의였다. 그의 메시지는 교회의 예식 수행을 사상보다 중히 여겼던 예식주의자와, 사회 개혁으로 교리를 대체하려고 했던 에큐메니컬 운동가와, 체험을 절대화하며 성찰의 가치를 무시했던 오순절과 복음주의자를 향했다. 스토트는 기독교 반지성주의에 대한 해독제인 균형을 회복하라고 호소한다. 예식과 행동과 체험은 견고한 사고와 함께 가야 한다는 것이다. 그는 자신의 호소를 성경의 주요 주제인 창조자, 계시자, 구원자, 심판자 하나님으로부터 이끌어 낸다. 성경이 제시하는 이런 하나님은, 우리가 지성을 하나님의 선물로 여기며 하나님을 위한 신실한 봉사의 도구로 사용할 수 있는 토대와 근거가 된다.

이 기초 위에, 스토트는 근면한 사고를 통해 예배와 믿음, 성결, 인도, 전도, 사역 등 그리스도인의 삶을 풍성하게 할 다양한 방법을 모색한다. 아울러 또다시 성경에 근거하여 지성의 기독교적 사용이 지적 노동의 가치를 확증할 뿐 아니라, 지적 활동이 그 자체만을 향하는 메마른 것이 되지 않고 공적인 선과 타인과 하나님을 위해 기능할 수 있음을 보여 준다.

성경에 기초한 이 메시지는 한 세대 전에도 그랬듯이 21세기 초의 교회와 사회의 상황에도 한결같이 적실하다. 오늘날 그리스도인의 소명의 본질적인 부분으로서 지성을 주의 깊고, 정직하고, 신실하게 사용하는 것을 가로막는 힘이 그 어느 때보다 강하다. 이제 대부분의 기독교 공동체들, 심지어 세상으로부터 분리되어 있다는 점에 대해 자부심을 가졌던 공동체들조차 여러 형태의 대중문화에 적극 참여하고 있다. 이런 움직임은 인위적인 성속의 분리를 끝내고, 기독교적 가치들로 텔레비전과 라디오, 영화와 현대 음악, 인터넷과 아이팟에 세례를 베풀 기회를 주었다는 점에서 유익했다. 반면에, 대중문화의 세계에서 맹위를 떨치고 있는 감상주의, 노골적인 감정주의, 상투적인 생각에 대한 의존, 부단한 지적 판단에 대한 조바심에 굴복하는 위험도 낳았다.

그뿐 아니라, 적어도 미국의 경우에는, 정치적 행위에 대한 그리스도인의 참여가 증가하면서 같은 방식으로 좋은 소식과 나쁜 소식이 뒤섞이는 결과를 낳았다. 의식 있는 신자들의 책임 있는 정치적 참여가, 하나님 나라의 열매를 맺는 봉사의 수단이 될 수 있음을 보여 주는 사례들이 증가하고 있다. 그러나 또 다른 사례들은 편 가르기식 태도나 둔감한 자기중심적인 정치 행위가 그리스도인 참여자와 상대편인 불신자 모두를 괴롭힐 수 있음도 보여 준다. 이러한 정치적 과잉으로 가장 먼저 피해를 보는 것이 지성의 신중한 사용이다.

대중문화와 정치적 싸움이, 다른 종교적 이유들과 결합하여 책임 있는 지적 수고로부터 사람들을 돌아서게 만들고 있는 이 세상에서, '생각하는 그리스도인'이라는 성경의 메시지는 처음 제시되었던 때보다 훨씬 더 적절한 메시지가 되었다. 이어지는 강연에서 존 스토트가 강조하듯이, 하나님의 말씀은 문제의 핵심을 명료하게 표현한다. "모든 생각을 사로잡아 그리스도에게 복종하게 하니"(고후 10:5). 탁월한 도움을 주는 본서가 잘 보여 주듯이, 성경에는 이런 권고들로 가득하다. 비록 성경이 우선적으로 하나님의 성품과 사역에 초점을 맞추고 있지만, 스토트는 성경적 가르침이라는 부요한 광맥에서 성경이 우리 지성의 신실한 사용에 대해서도 강조하고 있음을 숙고하도록 이끈다.

마크 놀

노트르담 대학교 역사학 교수

초판 서문

냉랭하고 기쁨 없는 지성에 갇힌 기독교를 원하는 사람은 아무도 없다. 하지만 이 말은 '지성주의'를 어떻게 해서든 피해야 한다는 뜻인가? 체험은 교리보다 정말 중요한가? 많은 사람이 그리스도인의 삶에서 지성의 역할은 거의 혹은 조금밖에 없다고 생각하면서 공부할 때나 겨우 지성을 사용하는데, 그런 생각은 정말 바른 것인가? 성령의 조명을 받는 그리스도인에게 지성의 역할은 무엇인가?

이는 매우 실제적이고 중요한 질문들이다. 이 질문들은 우리 신앙의 모든 국면에 영향을 끼치기 때문이다. 복음을 전할 때 이성적인 측면에 어느 정도 호소해야 하는지, 믿음은 순전히 비합리적인 것인지, 상식은 그리스도인의 인도에 어떤 역할을 하는지 하는 등에서 말이다.

여러 해 전 영국 IVF 연례 수련회에서 존 스토트가 그리스도인의 삶에서 지성이 차지하는 위치에 대해 강연한 것도 바로 이런 문제들 때문이었다. 당시 그가 했던 강연 전부를 수록한 이 작은 책은 지성을 사용하는 것이 그리스도인에게 왜 그렇게 중요한지, 그리고 그리스도인의 삶의 실천적인 국면에 어떻게 작용하는지를 일목요연하게 설명해 준다. 궁극적으로 그는 모든 그리스도인이 '진리에 의해 불붙은 헌신'의 삶을 살아가길 강력하게 호소한다.

1. 지성을 잃어버린 기독교

믿음이 없는 유대인들에 대해 바울이 한 말이 오늘날 일부 그리스도인에게 해당되는 것은 아닌지 매우 두렵습니다. "내가 증언하노니 그들이 하나님께 열심이 있으나 올바른 지식을 따른 것이 아니니라"(롬 10:2). 실제로 많은 사람이 지식 없는 열심, 계몽 없는 열정에 빠져 있습니다.

물론 우리는 하나님이 우리에게 열심을 주신 것에 감사해야 합니다. 열심 없는 지식이 지식 없는 열심을 대신해서는 안 됩니다! 하나님은 지식에 근거한 열심과 뜨거운 지식 모두를 원하십니다. 프린스턴 신학교 총장이었던 존 맥케이(John MacKay) 박사는 "성찰 없는 헌신은 광신적인 행동을 낳고, 헌신 없는 성찰은 모든 행동을 마비시킨다"라고 말한 바 있습니다.

오늘날 반지성주의 풍조가 우리 사회에 만연해 있습니다. 현대 세계는 어떤 사상에 대해 '그것이 진리인가?'를 묻기보다 '그것이 효과적인가?'를 먼저 묻는 실용주의자들을 양산하고 있습니다. 젊은이들은 행동주의자적 기질, 즉 어떤 대의명분을 맹목적으로 지지하는 경향이 있습니다. 그런데 자신이 주장하는 대의명분에 어떤 선한 목적이 있는지, 또 자신의 행동이 그 목적을 추구하는 데 최선의 방법인지에 대해서는 진지하게 생각하지 않곤 합니다. 스웨덴에서 열리는 한 수련회에 참석하기 위해 호주 멜버른에서 온 한 청년이 있었습니다. 수련회가 진행되던 중 그 청년은 자신의 대학교에서 시위가 벌어졌다는 소식을 들었습니다. 그 청년은 안타까운 마음에 손을 불끈 쥐고는 "조국으로 돌아가야 하는데"라고 소리쳤습니다. 그러고는 "그 자리에 내가 있어야 하는데! 그런데 도대체 무슨 일이 생긴 걸까?" 하며 안절부절 못했습니다. 열정은 있었지만, 지식이 없었던 것입니다.

캐나다의 유명한 평론가 모데카이 리츨러(Mordecai Richler)는 이런 세태를 다음과 같이 매우 신랄하게 꼬집었습니다. "나는 우리 세대의 무지에 대해 매우 염려스럽다. 어떻게 이보다 더 무지할 수 있을까! 무지가 더 이상 계속된다면 머지않아 사람들은 수레바퀴가 굴러다니는 퇴화된 사회에서 살고 말 것이다."[1]

이같은 반지성주의라는 유령이 기독교 역사에도 정기적

으로 나타나, 신학을 혐오와 불신으로 대하게 만들고 교회를 괴롭힙니다. 이에 대한 몇 가지 구체적인 사례를 생각해 보겠습니다.

로마가톨릭 교회는 대체로 예식과 그에 따른 예식 수행을 언제나 강조해 왔습니다. 최근의 예배 운동에 영향을 받은 로마가톨릭 교인들은 단순한 것을 추구하려고 하기도 하지만, 이것이 로마가톨릭 교회의 특징이었음은 분명합니다. 성경적 진리를 분명하고 적절하게 표현하는 외적 예식을 우리는 결코 무시해서는 안 됩니다. 그러나 여기에는 위험이 따릅니다. 그것은 바로 이것이 언제든 예식주의로 전락할 수 있다는 것입니다. 그저 예식 자체가 목적이 되어 버리고, 지적인 예배를 무의미한 예배로 만들어 버리는 위험 말입니다.

반면에, 급진적인 그리스도인은 에너지를 사회적·정치적 활동에 집중하고 있습니다. 에큐메니컬 운동은 더 이상 교회 일치나 교회 연합을 위한 운동이나 신앙과 직제 같은 문제가 아니라, 굶주린 이들을 먹이고 집이 없는 이들에게 집을 마련해 주며 인종차별주의에 저항하고 억압받는 이들을 위해 정의를 외치며 개발도상국에 대한 원조를 계획하고 혜택을 받지 못하는 전 세계 혁명 운동을 지원하는 데 몰두하고 있습니다. 폭력이나 그리스도인의 정치 참여라는 이슈에 대해서는 논쟁의 여지가 있지만, 일반적으로 그리스도인이라면 인류의 복지와 존엄과 자유를 위한 투쟁에 대해 분명한 입장을 표명해야 합니다. 그럼에도 불구하고 역사적으로 볼 때, 이 새로운 관심은 교리적 일치에 대한 광범위한 단념에 크게 기인한다고 말할 수 있습니다. 에큐메니컬 행동주의의 번성은, 연합은 고사하고, 전 세계 교회들의 개혁과 갱신을 위해서는 피해서는 안 될 신학적 정리라는 과제에 대한 반동에 근거합니다.

세 번째 사례는 대체로 체험을 진리의 중요한 표준으로 여기는 오순절주의 그리스도인입니다. 오순절주의자들의 추구와 주장에 대한 타당성은 차치하더라도, 적어도 일부 신오순절주의의 가장 큰 특징 중 하나가 공공연한 반지성주의임은 분명합니다. 이 운동의 지도자 가운데 한 사람이 최근 다음과 같은 말을 했습니다. 로마가톨릭 오순절주의자에게 결국 중요한 것은 "교리가 아니라 체험이다." 이는 우리의 주관적 경험을 하나님의 계시된 진리 위에 놓는 셈입니다. 어떤 이들은 하나님이 인간의 교만한 지성을 무너뜨리기 위해, 그래서 겸손하게 하시려고 이해할 수 없는 방언을 우리에게 주신다고 주장합니다. 물론 하나님은 인간의 교만을 비웃으십니다. 그러나 그분은 자신이 만든 지성을 경멸하지 않으십니다.

이 세 가지 강조들, 즉 예식에 대한 로마가톨릭의 강조와, 사회 참여에 대한 급진주의자의 강조와, 체험에 대한 오순절주의자의 강조 모두 어느 정도 반지성주의라는 동일한 질병의 증상들이며, 우리의 지성을 기독교적으로 사용하라 하신 책임을 외면하려는 도피처들입니다.

이 책의 부제를 소극적으로는 '반지성적 기독교의 비참함과 위협'이라고, 좀더 적극적으로는 '그리스도인의 삶에서의 지성의 역할'이라고 붙이고 싶습니다.

이제 앞으로 다루려는 내용에 대해 살펴보겠습니다. 서론에 해당하는 2장은 그리스도인의 지성 활용이 왜 중요한지에 대한 몇 가지 세속적·기독교적 논거들을 다룹니다. 본론에 해당하는 3장은 지성이 필수불가결한 역할을 하는 그리스도인의 삶과 책임의 여섯 가지 국면을 기술합니다. 마지막 4장은 프라이팬에서 나와 불로 뛰어들어 가는 것 같은, 무미건조한 초지성주의(hyper-intellectualism)를 따르게 만들 뿐인 천박한 반지성주의에 대해 몇 가지 주의 사항을 제시하려고 합니다. 나는 메마르고 유머가 없는 학문적이기만한 기독교가 아니라, 진리에 의해 불붙은 헌신을 주장하려 합니다. 성경적으로 균형 잡히고, 광적인 극단을 극복할 수 있길 바라며, 지성을 지나치게 신뢰하는 것의 치료책은 지성을 업신여기거나 무시하는 것이 아니라 지성을 하나님이 지정하신 자리에 앉히고 하나님이 지정하신 역할을 하도록 하는 것임을 강조하고자 합니다.

2. 지성의 성경적 기초

그리스도인이 왜 지성을 사용해야 할까요?

첫 번째 이유는, 복음이 널리 전파되어 예수 그리스도가 온 세계에서 인정되길 간절히 바라는 신자들의 주목을 끌 만합니다. 그것은 사람들의 행동을 형성하는 인간의 사상적 힘과 관련되어 있습니다. 인류 역사는 위대한 사상들이 끼친 영향력에 대한 사례들로 가득합니다. 모든 강력한 운동에는 운동 철학이 있습니다. 그 철학은 사람들의 마음을 사로잡고, 상상력에 불을 지피며, 지지자들의 헌신을 불러일으켰습니다. '파시스트 선언'이나 '공산주의 선언', 히틀러의 「나의 투쟁」(*Mein Kampf*), 마르크스의 「자본론」(*Das Kapital*), 마오쩌둥의 「사상론」(*Thoughts*)을 생각해 보면 금방 알 수 있습니다. A. N. 화이트헤드(Whitehead)는 이를 다음과 같이 잘 요약한 바 있습니다.

알렉산더 대왕으로부터 카이사르에 이르기까지, 카이사르로부터 나폴레옹에 이르기까지, 위대한 정복자들은 후대 사람들의 삶에 심원한 영향을 끼쳤다. 그러나 탈레스로부터 오늘에 이르는, 개인적으로는 미약했지만 궁극적으로는 세계를 지배했던 수많은 사상가들에 의해 일어난 인간 관습과 사고의 전적인 변화와 비교하면, 이들 정복자들의 영향력은 아무것도 아니다.[1]

오늘날 세계는 그리스도의 복음과는 다른, 전적으로 잘못된 것은 아니지만, 이데올로기의 지배를 받고 있습니다. 그리스도를 위해 세계를 '정복'하자고 말하는 그리스도인이 있을지도 모르겠습니다. 그러면 어떤 '정복'을 뜻하는 것일까요? 당연히 무력을 통한 정복은 아닐 것입니다. 오늘날 그리스도의 십자군은 수치스러운 중세의 십자군과는 전혀 달라야 합니다. 바울이 이 싸움을 어떻게 묘사하는지 귀 기울여 보십시오.

우리의 싸우는 무기는 육신에 속한 것이 아니요, 오직 어떤 견고한 진도 무너뜨리는 하나님의 능력이라. 모든 이론을 무너뜨리며 하나님 아는 것을 대적하여 높아진 것을 다 무너

뜨리고, 모든 생각을 사로잡아 그리스도에게 복종하게 하니.(고후 10:4-5)

이 싸움은 사상의 전투, 인간의 거짓을 무너뜨리는 하나님의 진리의 싸움입니다. 우리는 이 진리의 힘을 믿고 있습니까?

1956년에 일어난 헝가리 혁명을 잔혹하게 진압한 흐루시초프 수상은, 1848년에 일어났던 헝가리 반란을 무력으로 진압한 제정 러시아의 니콜라이 1세를 언급하며, 자신을 합리화했습니다. 그러자 헝가리 사태를 논의하기 위해 열린 UN 총회에서 레슬리 먼로(Leslie Munro) 경은 흐루시초프의 말을 언급하며, 1849년 7월 21일 비슷한 문제로 열렸던 영국 하원 회의에서 팔머스톤(Lord Palmerston) 경이 했던 진술을 상기시킴으로써 자신의 연설을 마무리했습니다. "여론은 군대보다 강하다. 진리와 정의에 기초한 언론은, 결국 보병의 총칼과 포병의 대포와 기병의 진격에 대항해 승리할 것이다."[2]

이제 사상의 힘에 대한 세속적인 사례들로부터 지성을 사용해야 하는, 좀더 특별한 기독교적 이유들로 눈을 돌려 보겠습니다. 그것은 바로 창조, 계시, 구속, 심판 등의 위대한 교리는 모두 인간은 생각해야 하며, 생각해서 알게 된 결과에 입각해 행동해야 하는 피할 수 없는 의무를 함의하고 있다는 것입니다.

생각하도록 창조된 인간

먼저 창조부터 살펴보겠습니다. 하나님은 자신의 형상을 따라 인간을 창조하셨는데, 인간이 갖고 있는 신적 형상의 가장 고상한 특징 중 하나가 바로 사고할 수 있는 능력입니다. 인간이 아닌 동물들도 어느 정도-어떤 동물은 덜, 어떤 동물은 좀더 발달된-지적 능력을 갖고 있음은 잘 알려진 사실입니다. 옥스퍼드 실험심리학 연구소의 W. S. 앤서니(Anthony)는 1957년 9월 영국 학술원에 다음과 같은 실험 결과를 담은 논문을 제출했습니다. "쥐의 '목표 상자'인 먹이와 물 앞에 장애물을 두었더니, 쥐는 장애물을 지나 목표물을 찾는 데 실패했다. 우리는 쥐가 좀더 복잡한 미로에 직면했을 때, 소위 '원초적인 지적 의심'을 발휘하는 것을 발견했다." 그럴 수 있습니다. 하지만 동물들이 의심은 할 수 있을지 몰라도, 성경이 말하는 '지혜'를 갖고 있는 건 인간뿐입니다(시 32:9).

성경은 인간이 창조된 시초부터 이 점을 분명하게 강조합니다. 우리는 창세기 2장과 3장에서 하나님이, 동물과 다른 방법으로 인간과 소통하고 계신 것을 봅니다. 하나님은 인간으로 하여금 자신들이 살아야 할 에덴동산을 경작하고 경영하게 하시며 인간이 의식적으로나 지적으로 그분과 협력하기를 바라시고, 해도 되는 일과 해서는 안 될 일을 도덕적으로나 이성적으로 구별하기를 기대하십니다. 나아가 하나님은 동물에 대한 통치권을 뜻하는, 동물들에게 이름을 붙이는 일을 인간에게 맡기십니다. 또한 그분은 여자를 창조하시되, 남자로 하여금 자신에게 꼭 맞는 평생의 반려자임을 깨달아 인류 최초의 사랑의 시가 터져 나오게 하는, 그런 존재로 만드셨습니다!

성경은 인간의 기본적인 합리성을 매우 당연시합니다. 실제로 성경은 인간의 합리성을 인간이 동물과 다르게 행동해야 할 근거로 제시합니다. "너희는 무지한 말이나 노새같이 되지 말지어다"(시 32:9). 이런 이유로 인간답게 행동하지 않고 짐승 같을 때("내가 이같이 우매 무지함으로 주 앞에 짐승이오나", 시 73:22)나, 짐승보다 못할 때, 인간은 조롱당하고 비난받습니다. 동물이 실제로 인간보다 더 나을 때도 있기 때문입니다. 게으른 인간보다 개미가 더 부지런하고 분별력이 있으며, 하나님의 백성보다 소나 나귀가 주인에게 더 순종적이기도 합니다. 새는 인간보다 회개를 잘 하는데, 새는 멀리 떠나갔다가도 다시 돌아오지만, 인간은 한 번 등을 돌리면 좀처럼 돌아오려 하지 않기 때문입니다(잠 6:6-11; 사 1:3; 렘 8:7).

이 사실은 명백할 뿐 아니라 강력하기까지 합니다. 인간과 동물 사이에는 유사점이 많습니다. 그러나 동물은 본능에 따라 행동하도록 창조되었고, (행동주의자들에게는 미안하지만) 인간은 지성적 판단에 근거해 행동하도록 창조되었습니다. 따라서 인간이 지성적으로 행동하지 않고 동물처럼 본능적으로 행동할 때, 인간은 자신의 창조된 본성과 독특한 인간성을 거스르는 모순을 범하는 것입니다. 인간이 자기 자신에 대해 부끄러워지곤 하는 이유가 이것입니다.

인간의 지성에도 타락으로 인한 파괴적인 결과가 미치고 있음은 분명 사실입니다. 인간의 '전적 타락'(total depravity)이란, 지성을 포함해 인간성을 구성하는 모든 요소가 어느 정도 부패했다는 뜻입니다. 성경은 이를 '어두워졌다'라고 묘사합니다. 사실 인간은, 인간 자신이 알고 있는 하나님의 진리를 억누룰수록 지성에 있어 더욱더 무능해지고 분별력을 잃는, 스스로 지혜롭다고 생각하지만 실제로는 어리석은 존재입니다. 인간의 지성은 '육신의 생각'이요, 타락한 피조물의 사고방식이며, 따라서 근본적으로 하나님과 그분의 율법에 적대적입니다(엡 4:18; 롬 1:18-23; 8:5-8).

이 모든 것은 사실입니다. 그렇다고 인간의 지성이 타락했다는 사실이, 지성에서 물러나 감정으로 후퇴해도 된다는 뜻은 아닙니다. 왜냐하면 인간의 감정적인 면도 동일하게 부패했기 때문입니다. 사실 죄는 인간의 사고하는 기능보다 감정에 더 위험한 영향을 끼칩니다. 우리의 판단이 체험보다는, 하나님의 계시된 진리에 의해 쉽게 점검되고 조정되기 때문입니다.

그렇기 때문에 인간의 지성이 타락했음에도 불구하고 생각하라는 명령, 즉 우리의 지성을 사용하라는 명령은 여전히 유효합니다. 하나님이 "오라, 우리가 서로 변론하자"(사 1:18)라며 완악한 이스라엘을 부르시고, 예수님이 날씨는 분별할 줄 알면서 '시대의 표적'을 분별하지 못하는 바리새인과 사두개인을 포함한 믿지 않는 무리들에게 "왜 옳은 것을 스스로 판단하지 아니하느냐?"고 질책하셨던 것도 이 때문입니다(마 16:1-4; 눅 12:54-57). 예수님의 말씀을 우리는 이렇게 표현할 수도 있겠습니다. "너희는 왜 머리를 쓰지 않느냐?" "왜 물리적인 영역에 사용하는 상식을 영적이고 도덕적인 영역에는 적용하지 않느냐?"라고 말입니다.

창조에 의해 성립되고 타락에 의해 오염되었지만 완전히 파괴되지 않은, 인간의 기본적인 합리성에 대한 성경의 주장을 우리는 세속 사회에서도 확인할 수 있습니다. 식품 광고는 인간의 본능인 식욕에 호소하긴 하지만, 제품을 구별할 인간의 능력에 대해서는 의심하지 않습니다. 실제로 어떤 광고는 '분별력 있는' 고객들에게 호소하곤 합니다. 우리는 어떤 범죄 사건을 전하는 뉴스에서 '동기가 아직 밝혀지지 않은'이라는 표현을 종종 듣습니다. 말하자면 사람들은 범죄 행위조차 어떤 동기가 있을 것이라고 간주합니다. 또한 사람들은 자신의 행위가 이성적이기보다는 감정적일 때조차 그것을 '합리화'하려고 합니다. 합리화라는 이 과정은 매우 의미심장합니다. 왜냐하면 이는 인간은 동기가 없는 행동에도 어떤 식으로든 이유를 고안해 내려고 하는 이성적인 존재라는 사실을 보여 주기 때문입니다.

하나님을 따라 사고함

이제 창조에서 계시로 넘어가 보겠습니다. 하나님은 자신을 계시하는 분이며 자신을 우리에게 나타내 보이셨다는 단순하면서도 영광스러운 이 진리는, 우리의 지성이 중요하다는 사실을 시사합니다. 자연에 나타난 일반 계시와 성경과 그리스도 안에 나타난 특별 계시를 포함한 하나님의 모든 계시는 합리적이라는 뜻이기 때문입니다.

자연을 보십시오.

> 하늘이 하나님의 영광을 선포하고 궁창이 그의 손으로 하신 일을 나타내는도다. 날은 날에게 말하고 밤은 밤에게 지식을 전하니 언어도 없고 말씀도 없으며 들리는 소리도 없으나, 그의 소리가 온 땅에 통하고 그의 말씀이 세상 끝까지 이르도다. (시 19:1-4)

즉 하나님은 비록 무언의 메시지이지만, 창조된 우주를 통해 인간에게 말씀하시며 자신의 영광을 선포하십니다. 이 메시지는 너무나 확실하기에 그 진리를 억누르는 것은 하나님 앞에서 죄를 저지르는 것입니다.

> 하나님을 알 만한 것이 그들 속에 보임이라. 하나님께서 이를 그들에게 보이셨느니라. 창세로부터 그의 보이지 아니하는 것들, 곧 그의 영원하신 능력과 신성이 그가 만드신 만물에 분명히 보여 알려졌나니, 그러므로 그들이 핑계하지 못할지라. 하나님을 알되 하나님을 영화롭게도 아니하며. (롬 1:18-21)

이 두 구절은 우리에게 하나님이 창조된 질서를 통해 자신을 나타내고 계심을 말해 줍니다. 비록 무언의 선포이긴 하지만, 모든 인간은 어느 정도 하나님을 '알' 수 있습니다.

우주 안에 쓰인 계시를 읽어 낼 수 있는 하나님께 받은 인간의 이 능력은 매우 중요합니다. 모든 학문은 이런 능력, 즉 조사 대상의 특성과 조사자의 지성이 얼마나 서로 대응하느냐에 달려 있습니다. 이 대응이 바로 합리성입니다. 인간은 자연의 작용을 이해할 수 있습니다. 자연의 작용은 불가사의한 것이 결코 아닙니다. 그것은 인과관계 안에서 얼마든지 논리적으로 설명할 수 있습니다. 그리스도인은 인간의 지성과 관찰 가능한 현상 사이의 공통된 이 합리성이 자신의 지성을 나타내신 창조주에 기인한 것임을 믿습니다. 그러기에 천문학자 요하네스 케플러(Johannes Kepler)의 유명한 말처럼, 인간은 "하나님을 따라 그분의 뜻을 생각"할 수 있습니다.

이런 중요한 대응이 성경과 성경 독자 사이에서 좀더 직접적으로 이루어집니다. 하나님은 성경 안에서 그리고 성경을 통해 '말씀하시기' 때문입니다. 즉 말로 소통하시기 때문입니다. 자연 안에서 하나님의 계시가 시각화(visualized)되었고, 성경 안에서 하나님의 계시가 언어화(verbalized)되었다면, 그리스도 안에서는 둘 다 이뤄졌다고 말할 수 있습니다. 그리스도는 '말씀이 육신이 된' 분이기 때문입니다(요 1:1). 그러나 말을 통한 소통은 말을 이해하고 해석할 수 있는 지성을 전제로 합니다. 말이란 지적인 존재에 의해서 독해될 때, 비로소 의미 있는 상징이 되기 때문입니다.

따라서 지성 활용이 중요한 두 번째 기독교적 이유는, 기독교가 계시 종교이기 때문입니다. 이 점은 제임스 오르(James Orr) 박사가 자신의 「기독교적 신관과 세계관」(*The Christian View of God and the World*)에서 했던 말에 매우 잘 드러나 있습니다.

이 세상에서 가르침의 직무를 높인 종교가 있다면, 바로 예수 그리스도의 종교일 것이다. 이방 종교는 교리적 요소는 매우 적고, 예식 수행에 주로 집중해 있음이 자주 지적되어 왔다. 교리를 갖고 있다는 점에서 기독교는 다른 종교와 확연히 구별된다. 기독교는 명확하고 적극적인 가르침으로 인간에게 다가와 진리임을 주장한다. 비록 도덕적인 조건 아래에서만 얻을 수 있는 지식이지만, 기독교는 지식에 기초한 종교다.…교회 역사를 통틀어 볼 때, 진지하고 고상한 사상에서 이탈한 종교는 약하고 무미건조하고 불건전한 종교로 전락하기 십상이었다. 반면에 종교 안에서 그 권리를 박탈당한 지성은, 종교 없이 만족을 추구하게 되어 무신론적 합리주의로 발전해 나갔다.[3]

물론 어떤 이들은 이와 정반대되는 결론을 내리기도 합니다. 인간은 유한하고 타락했기 때문에 지성으로는 하나님을 발견할 수 없고 오직 하나님이 자신을 계시하셔야 알 수 있다. 따라서 지성은 중요하지 않다. 그들은 이렇게 주장합니다. 그렇지 않습니다! 계시라는 기독교 교리는 인간의 지성이 불필요하다고 말하기는커녕 인간 지성이 필수 불가결하고, 지성으로 하여금 바른 역할을 할 수 있게 합니다. 하나님은 우리의 지성에 말씀으로 자신을 계시하셨고, 그분의 계시는 이성적인 피조물을 향한 이성적인 것입니다. 우리의 의무는 그분의 메시지를 받아들이고, 복종하며, 이해하려고 노력하며, 그것을 우리가 살고 있는 세상과 연관시키는 것입니다.

물론 하나님이 자신을 계시하는 데 주도적이셨다는 사실은, 우리의 지성이 유한하며 타락했다는 뜻입니다. 그분이 자신을 계시하기 위해 어린아이를 택하신다는 사실은, 그분의 말씀을 받아들이기 위해서는 우리가 낮아져야 한다는 뜻입니다. 그러나 그분이 자신을 계시하시고 말씀으로 그렇게 하신다는 사실은, 우리의 지성이 그것을 이해할 수 있다는 뜻이기도 합니다. 인간 지성의 가장 고귀한 기능 중 하나가 하나님의 말씀에 귀 기울일 수 있는 것이기에, 우리는 하나님을 좇아 자연과 성경에 나타난 그분의 생각을 읽고 그분의 뜻을 생각합니다.

우리가 지성을 사용하지 않고 동물 수준으로 전락할 때, 하나님은 욥이 자기 연민 속에서 어리석은 투정을 부리고 있을 때처럼 우리에게 이렇게 말씀하십니다. "너는 대장

부처럼 허리를 묶고 내가 네게 묻는 것을 대답할지니라"(욥 38:3; 40:7).

새로워진 지성

이제 계시론 다음으로 구속론, 즉 하나님이 예수 그리스도의 죽음과 부활을 통해 이루신 구속의 교리를 살펴보겠습니다. 하나님은 자신의 아들을 통해 구속을 이루신 다음, 이제 자신의 종들을 통해 구속을 선포하십니다. 실제로 거듭 말하지만 말씀으로 지성에 전달되는 복음 선포는, 하나님이 죄인을 구원하시기 위해 선택하신 주된 수단입니다. 바울은 이를 다음과 같이 표현합니다.

> 하나님의 지혜에 있어서는 이 세상이 자기 지혜로 하나님을 알지 못하므로, 하나님께서 전도의 미련한 것으로 믿는 자들을 구원하시기를 기뻐하셨도다.(고전 1:21)

사도 바울이 대조시키고 있는 바를 주의 깊게 보십시오. 바울은 인간의 지혜로는 하나님을 발견할 수 없기 때문에, 하나님이 이성적인 메시지도 함께 없애 버리셨다라고 말하지 않습니다. 바울은 이성적인 제시와 비이성적인 제시를 대조하고 있는 것이 아닙니다! 그렇습니다. 바울이 대조하시고 있는 것은, 인간의 지혜와 하나님의 계시입니다. 그런데 "우리가 선포하는 것"(우리말 성경은 '전도'로 번역했다―옮긴이) 즉 십자가에 달리시고 부활하신 그리스도의 케리그마(복음 선포)는 이성적인 계시입니다. 분명 인간의 지성이 어두워지고 눈은 멀었으며, 오직 "신령한 일은 영적으로 분별"할 수 있기 때문에(고전 2:14; 고후 4:3-6), 거듭나지 못한 이들은 영적인 것을 스스로 받아들일 수도 없고 이해할 수도 없습니다. 그러나 복음은 여전히 그들의 지성에 전달되는데, 그들의 눈을 뜨게 하고 지성을 깨워 그들을 구원하기 위해 하나님이 정하신 방법이기 때문입니다(복음전도에 관해서는 다음 장에서 좀더 자세히 살펴보겠습니다).

구속은 타락으로 인해 왜곡된 하나님의 형상을 새롭게 합니다. 여기에는 지성도 포함됩니다. 그러기에 사도 바울은 이방 종교에서 회심한 이들을 "새 사람을 입었으니 이는 자기를 창조하신 이의 형상을 따라 지식에까지 새롭게 하심을 입은 자니라"라고 묘사했던 것입니다(골 3:10). 바울은

"오직 너희 심령이"(in the spirit of your minds) 새롭게 되어"라고 권면하기도 하고(엡 4:23), 나아가 신령한 자, 즉 성령님이 내주하시고 그분의 통제를 받는 자는 영적인 분별력을 소유한다고 말합니다. 심지어 바울은 우리가 "그리스도의 지성"(우리말 성경은 '그리스도의 마음'으로 번역했다-옮긴이)을 가졌다라고 말합니다(고전 2:15-16).

그리스도인이 새로워진 지성을 갖고 있다는 이런 확신은, 사도 바울로 하여금 자신의 독자들에게 자신 있게 다음과 같이 말할 수 있게 했습니다. "내가 지혜 있는 자들에게 말함과 같이 하노니 너희는 내가 이르는 말을 스스로 판단하라"(고전 10:15).

사도 바울이 현대 기독교계를 방문했다면, 그는 분명 해리 블레마이어스(Harry Blamires)처럼 현대 기독교에 지성이 부재함을 통렬하게 개탄했을 것입니다. 해리 블레마이어스는 '기독교적 사고'(Christian mind)를 "기독교적 전제-초자연적 존재와 악의 편만함, 진리와 권위의 존재, 인간의 인격적 가치 등-로 구성된 준거 틀 안에서 세속적으로 논의되고 있는 주제를 다룰 수 있도록 훈련과 교육을 받은 구비된 지성"으로 정의합니다.[4] 나아가 그는 생각하는 그리스도인을 "현재의 편견에 도전하고…현대인의 자기만족을 뒤흔들며…분주한 실용주의자들을 막아서며…주변에 있는 모든 것의 기초에 의문을 제기하는…성가신 존재"로 기술합니다.[5] 그러나 오늘날 기독교적 지성을 소유하고 기독적으로 생각하는 이들이 존재하지 않는 것 같다고 지적하며, 그는 다음과 같이 말합니다.

> 기독교적 사고는 세속적인 시류에 잠식된 나머지 기독교 역사에서 유례를 찾아볼 수 없을 정도로 유약하고 무기력해졌다. 20세기 교회의 지적 풍조의 완벽한 상실을 몇 마디로 설명하기는 어렵고, 병적이고 감상적인 언어를 빌리지 않고서는 이것의 성격을 규정하기도 어렵다. 더 이상 생각하는 그리스도인은 존재하지 않는다. 물론 기독교적 윤리나, 기독교적 관습, 기독교적 영성은 여전히 남아 있다.…그러나 생각하는 존재로서의 현대 그리스도인은 세속화에 굴복해 버렸다.[6]

기독교적 사고를 거부하는 것은 하나님에게서 나와 우리의 지혜가 되신 그리스도께서 이루신 구속을 안타깝게도 부인하는 처사입니다(고전 1:30).

우리의 지식에 의해 심판받음

지성의 중요성을 전제로 한 네 번째 기독교 교리는 심판의 교리입니다. 하나님의 심판에 관해 성경이 가르치고 있는 것 중에 한 가지 명백한 것이 있다면, 하나님이 우리를 우리의 지식에 따라, 즉 그분의 계시에 우리가 어떤 반응을 하느냐에 따라 심판하신다는 것입니다.

우리는 그 예를 구약의 예레미야서에서 찾을 수 있습니다. 예레미야는 담대하게 그리고 인내하며 이스라엘 백성을 향해 하나님의 목소리에 귀 기울이지 않으면 이스라엘 국가와 성읍과 성전이 모두 파괴당할 것이라고 예언했습니다. 그러나 주님의 말씀에 귀 기울이는 대신에, 이스라엘은 귀를 틀어막고 오히려 목을 곧게 하고 마음을 강퍅하게 했습니다. 우리는 이를 예레미야서의 중요 구절들 가운데서 확인할 수 있습니다.

너희 조상들이 애굽 땅에서 나온 날부터 오늘까지 내가 내 종 선지자들을 너희에게 보내되 끊임없이 보내었으나, 너희가 나에게 순종하지 아니하며 귀를 기울이지 아니하고 목을 굳

게 하여 너희 조상들보다 악을 더 행하였느니라.(렘 7:25-26)

이 언약은 내가 너희 조상들을 쇠풀무 애굽 땅에서 이끌어 내던 날에 그들에게 명령한 것이라. 곧 내가 이르기를 너희는 내 목소리를 순종하고 나의 모든 명령을 따라 행하라. 그리하면 너희는 내 백성이 되겠고 나는 너희의 하나님이 되리라.…내가 너희 조상들을 애굽 땅에서 인도하여 낸 날부터 오늘까지 간절히 경계하며 끊임없이 경계하기를 너희는 내 목소리를 순종하라 하였으나, 그들이 순종하지 아니하며 귀를 기울이지도 아니하고 각각 그 악한 마음의 완악한 대로 행하였으므로.(렘 11:4, 7-8)

이십삼 년 동안 여호와의 말씀이 내게 임하기로 내가 너희에게 꾸준히 일렀으나 너희가 순종하지 아니하였느니라. 그러므로 여호와께서 그의 모든 종 선지자를 너희에게 끊임없이 보내셨으나, 너희가 순종하지 아니하였으며 귀를 기울여 듣지도 아니하였도다.(렘 25:3-4)

그들이 등을 내게로 돌리고 얼굴을 내게로 향하지 아니하며

내가 그들을 가르치되 끊임없이 가르쳤는데도, 그들이 교훈을 듣지 아니하며 받지 아니하고. (렘 32:33)

느부갓네살이 예루살렘을 함락하여 어쩔 수 없이 애굽으로 끌려간 후에도, 불행한 예레미야는 유대인 동포를 향해 그들의 사악함을 하나님이 심판하실 것이라고 계속해서 경고했습니다.

내가 나의 모든 종 선지자들을 너희에게 보내되 끊임없이 보내어 이르기를 너희는 내가 미워하는 이 가증한 일을 행하지 말라 하였으나, 그들이 듣지 아니하며 귀를 기울이지 아니하고. (렘 44:4-5)

이런 심판의 원리를 우리 주님도 친히 언급하셨습니다.

나를 저버리고 내 말을 받지 아니하는 자를 심판할 이가 있으니, 곧 내가 한 그 말이 마지막 날에 그를 심판하리라. (요 12:48)

사도 바울은 로마서 전반부에서 유대인은 하나님이 기

록하신 율법을 통해, 이방인은 자연과 그들의 마음에 기록된 율법을 통해 하나님을 어느 정도 알 수 있지만, 누구도 그 지식에 따라 살 수 없기에 모든 사람이 하나님 앞에 죄를 범하고 있다고 주장합니다.

우리는 하나님의 말씀에 귀 기울이는 것을 거부하거나 그 말씀에 귀 기울일 수조차 없게 만드는 반지성주의로 인해 전능하신 하나님의 심판을 스스로 쌓고 있는 건 아닌지 진지하게 물어야 합니다.

우리는 창조, 계시, 구속, 심판의 위대한 교리를 통해 우리가 본질적으로 생각하는 존재로 창조되었음을 알았습니다. 하나님은 우리를 사고하는 존재로 만드셨습니다. 하나님은 우리와 말씀으로 소통하심으로 우리를 이성적인 존재로 대하셨습니다. 하나님은 그리스도 안에서 우리를 새롭게 하시고, 우리에게 그리스도의 마음(mind)을 주셨습니다. 그리고 하나님은 우리에게 우리의 지식에 대한 책임을 물으십니다.

일부 그리스도인 사이에서 퍼져 있는 오늘날의 반지성주의 풍조는 이제 악으로 간주될 정도로 심각해졌습니다. 반지성주의는 절대로 참된 경건이 아닙니다. 그것은 세상 풍조의 일부분이며 세속성의 다른 모습일 뿐입니다. 지성을 모독하는 것은 기독교 기본 교리를 훼손하는 것입니다. 하나님이 우리를 이성적인 존재로 만드셨는데, 우리에게 주신 인간성을 우리가 부인해서야 되겠습니까. 하나님이 우리에게 말씀하시는데, 우리가 하나님의 말씀을 경청하지 않아서야 되겠습니까. 하나님이 그리스도를 통해 우리 지성을 새롭게 해주셨는데, 지성을 다해 생각해야 하지 않겠습니까. 하나님이 말씀으로 우리를 심판하실 것인데, 지혜로운 자가 되어 반석 위에 집을 지어야 하지 않겠습니까(마 7:24-27).

이러한 교리에 비추어 볼 때, 구약과 신약 모두가 지식과 지혜를 습득하는 것에 대해 특별히 강조하고 있다는 사실은 그리 놀라운 일이 아닙니다. 구약에서 하나님은 자신의 백성이 '지각이 없는 미련한 자식'처럼(렘 4:22; 잠 30:2 "나는 다른 사람에게 비하면 짐승이라"와 비교하라) 행동하는 것을 한탄하시며, 그들이 '지식이 없으므로 망한다'고 말씀하십니다(호 4:6; 사 5:13). 구약의 지혜서는 '미련한 자들은 지식을 미워'하고(잠 1:22), 현명한 자는 '정금보다 낫고 진주보다 귀한' 지혜를 얻기 때문에(잠 3:13-15) 참으로 행복한 사람이라고 강조합니다.

신약의 사도 대부분도 거룩한 지혜를 습득하고, 그것을 거룩한 삶에 적용하라고 명령합니다. 사도 베드로는 "너희가 더욱 힘써 너희 믿음에 덕을, 덕에 지식을 공급하라"(벧후 1:5)고 말하고, 사도 바울도 "우리가 온전한 자들 중에서 지혜를 말하노니"라고 말하며, 성숙하지 못한 그리스도인을 꾸짖어, 아직도 젖을 먹는 어린아이 같아서 단단한 식물인 하늘의 지혜를 소화하지 못한다고 지적합니다(고전 2:6; 3:1-2; 히 5:11-6:3).

그래서 사도 바울은 어린 교회와 그 교인들을 위한 위대한 기도문에서, 무엇보다 그들이 지적으로 성장해 성령님이 진리의 영으로 그들과 각 사람 안에서 그분의 일을 다 하시기를 간구합니다.

또 에베소 교인을 위해 바울은 이렇게 기도합니다.

우리 주 예수 그리스도의 하나님, 영광의 아버지께서 지혜와 계시의 영을 너희에게 주사 하나님을 알게 하시고, 너희 마음 눈을 밝히사 그의 부르심의 소망이 무엇이며 성도 안에서 그 기업의 영광의 풍성이 무엇이며 그의 힘의 위력으로 역사하심을 따라 믿는 우리에게 베푸신 능력의 지극히 크심

이 어떠한 것을 너희로 알게 하시기를 구하노라.(엡 1:17-19)

같은 서신의 후반부에서 바울은 그들을 위해 "그의 영광의 풍성함을 따라 그의 성령으로 말미암아 너희 속사람을 능력으로 강건하게 하시오며"라고 다시 기도합니다. 왜 그랬을까요? 다음과 같은 이유 때문이었습니다. "너희가 사랑 가운데서 뿌리가 박히고 터가 굳어져서 능히 모든 성도와 함께 지식에 넘치는 그리스도의 사랑을 알고, 그 너비와 길이와 높이와 깊이가 어떠함을 깨달아 하나님의 모든 충만하신 것으로 너희에게 충만하게 하시기를 구하노라"(엡 3:14-19).

또 빌립보 교인을 위해 바울은 기도합니다.

너희 사랑을 지식과 모든 총명으로 점점 더 풍성하게 하사 너희로 지극히 선한 것을 분별하며, 또 진실하여 허물없이 그리스도의 날까지 이르고, 예수 그리스도로 말미암아 의의 열매가 가득하여 하나님의 영광과 찬송이 되기를 원하노라.(빌 1:9-11)

골로새 교인을 위해서는 이렇게 기도합니다.

너희로 하여금 모든 신령한 지혜와 총명에 하나님의 뜻을 아는 것으로 채우게 하시고, 주께 합당하게 행하여 범사에 기쁘시게 하고, 모든 선한 일에 열매를 맺게 하시며, 하나님을 아는 것에 자라게 하시기를 원하노라. (골 1:9-10)

지식, 지혜, 분별, 총명 같은 단어들이 되풀이되고 있는 것에 주목하십시오. 사도 바울이 이런 지성적 요소를 그리스도인의 삶의 기초로 여겼다는 사실에는 의심의 여지가 없습니다.

3. 지성과 그리스도인의 삶

이제는 하나님이 어떤 방식으로 우리 지성을 사용하길 원하시는지 생각해 보겠습니다. 이번 장의 목적은 '세속적' 지식 또는 '문화'의 습득을 옹호하려는 것이 아니라, 지성을 적절히 사용하지 않고서는 불가능한 그리스도인의 삶의 여섯 가지 영역, 즉 기독교적 예배, 믿음, 성결, 인도, 전도, 사역을 개관하는 데 있습니다. 그러면 순서대로 하나하나 살펴보겠습니다.

참된 예배

미국 목회자였던 루퍼스 존스(Rufus M. Jones) 박사가 즐겨 들려주던 이야기가 있습니다.[1] 루퍼스 존스 박사는 설교에 있어 지성이 중요함을 굳게 믿는 분이었습니다. 하지만 어떤 교인은 지성을 강조하는 그에 반대해 이런 말로 자신의 불만을 표현했습니다. "교회에 갈 때 나는 머리를 빼놓고 가야겠다는 생각을 한다. 종교적인 집회에서 목 위에 있는 어떤 것도 사용하고 싶지 않기 때문이다."

이런 반지성적 예배는 바울이 말하는 "알지 못하는 신"을 위한 제단이 있던 이방의 아테네에서 드렸던 예배입니다(행 17:23). 물론 이는 기독교적인 예배가 아닙니다. 아테네 사람들을 무지 속에 방치한 채 그냥 지나칠 수 없던 바울은, 그들이 알지 못하고 섬겼던 하나님의 성품과 사역에 대해 전파했습니다. 바울은 하나님이 받으실 유일한 예배는 지적인 예배, 즉 '진리 안에서'(우리말 성경은 "진정으로"로 번역했다-옮긴이) 자신들이 경배하고 있는 분이 어떤 분인지를 알고 '뜻을 다해'(요 4:24; 눅 10:27) 사랑으로 드리는 예배임을 알고 있었기 때문입니다.

시편은 구약 교회의 위대한 찬송가였으며, 시편의 찬송은 오늘날 여전히 기독교 예배에서 불리고 있습니다. 따라서 시편을 통해 참된 예배를 배우는 것은 매우 유익합니다. 시편은 예배를 기본적으로 "여호와의 이름을 찬양"하고, "여호와의 이름에 합당한 영광을 돌리는" 것이라고 정의합니다(시 148:5, 13; 96:8; 115:1). 여기서 여호와의 '이름'이란 그분의 성품과 일하심의 총화를 뜻합니다. 무엇보다 하나님은 시편에서 세상의 창조자와 이스라엘을 구속하신 분으로 예배받으시며, 시편 기자는 하나님의 창조와 구속 사역을 조목조목 언급하며 기쁜 마음으로 찬양합니다.

예를 들어, 시편 104편은 하늘과 땅, 동물과 식물, 새와 육지와 바다의 크고 작은 무수한 동물 가운데 드러난, 하나님의 다양한 사역의 지혜에 대한 경이감을 표현합니다.

반면에 시편 105편은 여러 가지 하나님의 '기이한 일', 즉 하나님이 자신의 언약 백성을 특별하게 취급하신 일을 찬양합니다. 그는 수 세기에 걸쳐 나타난 하나님의 일하심, 즉 아브라함과 이삭과 야곱에게 주신 하나님의 약속과, 요셉을 감옥에서 총리의 직위까지 올리신 하나님의 섭리와, 모세와 아론을 통해 재앙을 내림으로써 그 백성을 구출하신 하나님의 전능한 역사와, 광야에서 백성을 위해 베푸신 하나님의 공급과, 그들이 약속의 땅을 상속하게 하신 하나님의 권능 등을 열거합니다. 시편 106편은 거의 비슷하지만, 이번에는 하나님이 행하셨던 일들을 잊고 그분의 약속을 믿지 못하고 그분의 명령을 어긴 이스라엘을 향해 베푸신 하나님의 인자하심에 대해 감탄합니다.

시편 107편은 사막에서 길을 잃은 여행자들과, 감옥에서 고통받고 있는 죄수들과, 죽음이 임박한 병자들과, 심한 풍랑을 맞은 뱃사람 등 갖가지 곤경에 처한 이들을 구원하시는 하나님의 변치 않는 사랑을 찬양합니다.

> 이에 그들이 근심 중에 여호와께 부르짖으매 그들의 고통에서 건지시고, 또 바른길로 인도하사 거주할 성읍에 이르게 하셨도다. (그러므로) 여호와의 인자하심과 인생에게 행하신 기적으로 말미암아 그를 찬송할지로다. (6-8절)

마지막으로 살펴볼 시편은 136편입니다. 이 시편에는 "그 인자하심이 영원함이로다"라는 감탄이 매 구절마다 후렴구처럼 반복되고, 하늘과 땅과 해와 달과 별의 창조로 시작해서 땅을 기업으로 주시기 위해 이스라엘을 애굽과 아모리 왕들에게서 구원하신 일들에 이르기까지 여호와의 선하심에 대해 감사하라는 권고가 계속됩니다.

이러한 예들은, 이스라엘이 하나님을 멀리 떨어져 모호하게 계신 분으로가 아니라, 세상을 창조하시고 유지하시며 자신의 백성을 구속하시고 보존하시는 등의 구체적인 행위를 통해 자연과 열방의 주로 자신을 계시하시는 분으로 예배했다는 사실을 충분히 설명해 줍니다. 이스라엘은 하나님의 선하심과 행하심과 '그 모든 은택'으로 말미암아 주님을 찬양할 충분한 이유를 갖고 있었습니다(시 103:2).

그리스도인은 하나님(창조와 언약의 하나님)의 이러한 전능한 역사에다 예수님의 탄생과 공생애, 죽음과 승천, 그분의 선물이신 성령님과 새로운 피조물인 교회, 이 모든 것 가운데 드러난 전능한 행위를 덧붙입니다. 이것이 신약의 이야기이며, 오늘날 공적 예배에서 성경을 강독할 때 구약과 신약을 꼭 함께 읽어야 하는 이유입니다. 우리는 하나님이 행하신 일에 다시 귀 기울일 때만, 찬양과 경배 가운데 응답할 수 있습니다. 이것이 성경 읽기와 묵상이 그리스도인의 개인적 예배에서 필수적인 이유입니다. 공적이든 사적이든 모든 기독교 예배는 성경에 기록된 하나님의 말씀과 사역 가운데 드러난 하나님의 자기 계시에 대한 지적인 반응이어야 하는 것입니다.

이 맥락에서 '방언'에 대해 짧게 이야기하고자 합니다. 외국어든 무아지경에서 나온 방언이든 신약 시대의 방언은, 방언을 하는 자신조차 그 뜻을 이해하지 못하는 것이 분명합니다. 그래서 바울은 해석하거나 통역할 사람이 없으면 사람들 앞에서는 방언을 하지 말고, 방언하는 사람도 방언을 이해하지 못하면 사적으로 하지 말라고 말합니다. "그러므로 방언을 말하는 자는 통역하기를 기도할지니, 내가 만일 방언으로 기도하면 나의 영이 기도하거니와 나의 마음은 열매를 맺지 못하리라. 그러면 어떻게 할까. 내가 영으로 기도하고 또 마음으로 기도하며 내가 영으로 찬송하고 또 마음으로 찬송하리라"(고전 14:13-15). 지성이 메마르고 지적인 활동이 죽어 버린 기도나 예배를 바울은 그냥 보고 있을 수 없던 것입니다. 바울은 모든 참된 예배에는 지성이 충분히, 그리고 효과적으로 사용되어야 한다고 주장합니다. 고린도 교인들이 드렸던 도무지 이해할 수 없던 예배는 어린아이가 하는 짓 같았습니다. 그래서 바울은 그들에게 악에는 어린아이같이 순진하고 "지혜에는 아이가 되지 말고 장성한 사람이 되라"고 권면합니다(고전 14:20).

기독교적 예배는 천국에 이를 때까지 결코 완전하지 못할 것입니다. 왜냐하면 우리는 나중에야 비로소 하나님을 있는 그대로 알게 되고, 하나님이 받으실 만한 찬양을 드릴 수 있기 때문입니다.

믿음은 있을 것 같지 않은 것에 대한 비논리적 신념인가

기독교적 특성 가운데 믿음보다 잘못 이해되고 있는 것도 없습니다. 믿음에 관해 두 가지 부정적인 정의로 이야기를 시작하겠습니다.

첫째, 믿음은 덮어놓고 믿는 것이 아닙니다. 기독교에 비판적이었던 미국의 반초자연주의자 H. L. 멘켄(Menchen)은 믿음을 "일어날 것 같지 않은 것에 대한 비논리적인 신념"으로 간단히 정의 내린 바 있습니다. 그렇지 않습니다! 믿음은 그냥 덮어놓고 믿는 것이 아닙니다. 그런 믿음은 쉽게 속는 것이며, 전적으로 무비판적이고 무분별해지는 것이며, 자신의 믿음에 있어서조차 비합리적인 것입니다. 믿음과 이성이 양립 가능하지 않다는 가정은 완전히 오해입니다. 믿는 것과 보는 것을 상반되게 보는 성경 구절이 있긴 하지만 (고후 5:7), 사실 믿음과 이성이 꼭 상반되는 것은 아닙니다. 오히려 참된 신앙은 하나님의 성품과 약속을 믿는 것이기 때문에 본질적으로 이성적입니다. 믿음이 있는 그리스도인이란, 이런 확실한 것들을 지적으로 숙고하고 의지하는 사람입니다.

둘째, 신앙은 낙관주의가 아닙니다. 이는 노먼 빈센트 필(Norman Vincent Peale) 박사에 의해 생긴 혼란입니다. 그가 주장하는 적지 않은 것이 사실입니다. 그는 인간의 사고의 능력에 대해 근본적으로 어떤 확신을 갖고 있습니다. 그는 "우리 세대의 가장 위대한 발견은 사고방식을 바꾸면 삶도 바뀐다는 사실이다"라는 윌리엄 제임스(William James)의 주장[2]과 "인간은 자신이 하루 종일 생각하는 그것이다"라는 랄프 왈도 에머슨(Ralph Waldo Emerson)의 주장[3]을 차용합니다. 그렇게 필은 긍정적인 사고에 대한 생각을 발전시키고, 결국 긍정적인 사고를 믿음과 동일시하는 잘못을 범합니다. 그가 말하는 '믿음'이란 도대체 무엇일까요? 「긍정적 사고방식」(*The Power of Positive Thinking*) 1장에 그는 의미심장하게 "당신 자신을 믿어라"라는 제목을 답니다. 7장 "최선의 것을 기대하고 그것을 붙잡아라"에서 그는 다음과 같은 자신의 제안이 효과적이라고 확신합니다. "신약성경을 읽고, 믿음에 대해 가장 강력하게 말하는 열두 개의 구절을 모은 후, 그 구절을 암송하라." "그 믿음의 개념들이 의식에 스며들게 하고, 반복해서 말하라." 그러면 그것이 점점 우리의 잠재의식 속에 들어와 "우리를 신자로 변화시킬 것이다." 여기까지는 맞는 말 같습니다. 하지만 그는 여기서 더 나아가 이런 식의 주장을 합니다. "성경이 말하는 '믿음의 방패'란 '영적 능력의 기술', 즉 믿음, 신념, 긍정적 사고, 하나님과 다른 사람과 자신에 대한 신뢰, 삶에 대한 신뢰 등을 뜻한다. 이것이 성경이 말하는 영적 능력의 핵심 기술이다."[4] 필은 계속해서 "믿는 자에게는 능히 하지 못할 일이 없느니라"(막 9:23), "만일 너희에게 믿음이 겨자씨 한 알만큼만 있어도…너희가 못할 것이 없으리라"(마 17:21), "너희 믿음대로 되라"(마 9:29) 같은 멋진 성경 말씀을 인용합니다. 하지만 결국 그는 본문을 다음과 같이 해석함으로 모든 것을 망칩니다. "자기 자신에 대해 자신이 믿는 만큼, 자신의 직업에 대해 자신이 믿는 만큼, 하나님에 대해 자신이 믿는 만큼 우리는 받을 수 있다."[5]

이러한 주장은 필이 하나님에 대한 믿음과 자기 자신에 대한 믿음을 구별하지 못함을 보여 줍니다. 그는 믿음의 대상에 대해 아무런 관심도 없는 것처럼 보입니다. 그는 "두려움을 없애는 공식"으로 매일 아침 잠자리에서 일어나기 전에 제일 먼저 큰 소리로 "나는 믿는다"라고 세 번 외칠 것을 적극 추천합니다.[6] 그러나 그는 무엇을 믿어야 하는

지, 무엇에 대한 확신을 갖고 반복해야 하는지에 대해서는 아무 말도 하지 않습니다. 그는 마지막까지 그저 "그러므로 믿고 성공적으로 살라"[7]는 말만 되풀이합니다. 도대체 무엇을, 누구를 믿으란 말입니까? 사실 필은 믿음이란 자기 신뢰, 아무런 근거 없는 낙관주의의 다른 표현일 뿐입니다. 책을 쓴 이후 필이 입장을 바꿨는지 모르지만, 그 책은 지금까지 많은 사람들에게 읽히고 있습니다. 그러나 그가 말하는 긍정적인 사고란 순전히 낙천적인 사고의 동의어에 불과합니다.

박애주의자이자 "적극적 정신 자세"(Positive Mental Attitudes)의 창시자 W. 클레멘트 스톤(Clement Stone)도 마찬가지입니다. 그는 "닉슨 대통령이 적극적인 정신 자세를 발견해 자신의 정서적인 미성숙을 벗어나지 못했다면 그저 까칠한 이류 정치가밖에 안 되었을 것"이라고 말합니다. 그러면서 그는 자신은 "평범한 사람을 슈퍼맨으로 만들어" 줄 수 있는데, "기존의 모든 세일즈 방법을 무색게 할 판매 기술"을 개발했기 때문이라고 주장합니다. 그가 개발한 방식이란 "매일 아침 세일즈맨처럼 '나는 행복하다. 나는 건강하다. 나는 훌륭하다!'라는 구호를 외치기만 하면 된다"는 것입니다.[8]

그러나 '긍정적 사고'나 '적극적 정신 자세' 모두 기독교적인 믿음이 아닙니다. 믿음은 낙관주의가 아닙니다.

믿음은 이성적인 믿음, 즉 신뢰할 만한 하나님을 사려 깊고 확신 있게 따져 보고 신뢰하는 것입니다. 예를 들어 다윗처럼 말입니다. 블레셋 사람들이 사울을 전쟁터에서 죽이기 전 다윗과 일행이 시글락에 돌아왔을 때, 참혹한 광경이 그들을 기다리고 있었습니다. 다윗과 일행이 자리를 비운 사이 아말렉 사람들이 마을을 습격해 집을 불사르고 여자들과 어린아이들을 잡아갔습니다. 다윗과 백성은 울 기력이 없을 정도로 소리 높여 울었습니다. 그런 후 슬퍼하던 백성들은 다윗을 돌로 쳐 죽이려고 했습니다. 이는 매우 심각한 상황이었기에 다윗은 절망할 수밖에 없었습니다. 그러나 다윗은 하나님 여호와를 힘입어 용기를 얻었습니다. 이것이 참된 믿음입니다! 다윗은 사실을 간과하지 않았습니다. 다윗은 자신에 대한 믿음을 세우려고도, 자신에게 자신이 훌륭하다고 말하지도 않았습니다. 그렇습니다. 다윗은 하나님 여호와, 창조의 하나님, 언약의 하나님, 자신의 하나님이 되어 주시겠다고, 자신을 이스라엘의 왕좌에 앉히시겠다고 약속하셨던 하나님을 기억했습니다. 그렇게 다윗이 하나님의 약속과 신실하심을 기억했을 때, 그는 믿음으로 강해졌습니다. "그의 하나님 여호와를 힘입고 용기를 얻었습니다"(삼상 30:1-6).

이렇듯 믿음과 사고는 서로에게 속하며, 믿음은 사고 없이는 불가능합니다.

마틴 로이드 존스(Martyn Lloyd-Jones) 박사는 「산상설교」(Studies in the Sermon on the Mount)에서 "오늘 있다가 내일 아궁이에 던져지는 들풀도 하나님이 이렇게 입히시거든 하물며 너희일까 보냐. 믿음이 작은 자들아"라는(마 6:30) 말씀을 가지고 설교하며 이 진리에 대한 탁월한 신약적 예를 다음과 같이 설명합니다.

이 단락에서 우리 주님은 믿음이란 일차적으로 사고라고 말씀하십니다. 믿음이 적은 자가 갖는 모든 문제는 사고하지 않는다는 것입니다. 그런 사람은 환경이 자신을 위협하도록 만듭니다.…우리는 우리 주님의 교훈을 관찰하며 연역해 연구하는 데 더 많은 시간을 보내야 합니다. 성경은 논리로 가득 차 있으며, 따라서 우리는 믿음을 순전히 신비적인 어떤 것으로 생각해서는 안 됩니다. 우리는 안락의자에 앉아 놀라운 일들이 자동적으로 일어나기를 기대해서는 안 됩니다. 그것은 기독교적인 믿음이 아닙니다. 기독교적인 믿음은 본질적으로 사고입니다. 새들을 보라. 그것들에 대해 생각해 보라. 그리고 연역해 보라. 풀을 보라. 들판의 핀 백합을 보라. 그것들에 대해 생각해 보라. 믿음의 사람을 우리는 이렇게 정의 내릴 수 있습니다. 믿음의 사람이란, 모든 것이 지적인 면에서 그를 위협하고 쓰러뜨리려 할 때 사고하기를 포기하지 않는 사람이라고 말입니다. 믿음이 적은 자들의 문제는 자신의 사고를 조정하는 대신에, 자신의 사고가 다른 것에 의해 조정받게 만드는 것입니다. 말하자면 그런 사람은 제자리를 맴돕니다. 이것이 바로 두려움의 본질입니다.…그것은 사고가 아닙니다. 그것은 사고의 부재, 사고하는 데 실패한 것입니다.[9]

기독교적인 믿음에서 지성이 어떤 역할을 하는지에 대한 논의를 마치기 전에, 복음의 두 가지 예식 또는 **성례**라 부르는 세례와 성찬에 대해 짧게 언급하고 싶습니다. 세례와 성찬은, 그것이 상징하는 진리에 대한 기독교적 믿음을 그리스도인에게 일깨워 줌으로써, 그리스도인을 복되게 하는 표지이기 때문입니다. 성찬을 살펴보겠습니다. 간단히 말하면 성찬은 죄인들을 위해 죽으신 구세주를 시각적으로 극화한 것입니다. 이는 구세주의 죽음을 기억하게 하는 이성적 예식으로, 우리는 지성을 사용해 성찬의 의미와 이것이 제공하는 확신을 붙잡아야 합니다. 그리스도께서는 친히 빵과 포도주를 들고 우리에게 말씀하셨습니다. "이것은 너희를 위한 내 몸이다." 이 말씀을 받을 때, 우리는 이 말씀이 죄의식에 사로잡힌 우리의 지성을 평안케 하도록 해야 합니다.

그래서 헨드릭 크랜머(Hendrick Cranmer) 주교는 성찬에 대해 이렇게 말했습니다.

> 성찬은 이를 먹고 마시는 모든 사람이 그리스도께서 자신을 위해 죽으셨음을 기억함으로써 그들의 믿음을 발휘하고, 또 그리스도의 유익을 기억함으로써 그들이 평안을 누릴 수 있도록 하기 위해 제정되었다.[10]

기독교적 확신은 '믿음의 충만한 확신'(우리말 성경은 "온전한 믿음"으로 번역했다―옮긴이)입니다(히 10:22). 확신이 믿음의 자녀라면, 믿음은 지식, 곧 그리스도와 복음에 대한 확실한 지식의 자녀입니다. J. C. 라일(Ryle) 주교가 이를 잘 표현했습니다.

> 의심과 두려움은 대부분 그리스도의 복음의 참된 본질을 제대로 인식하지 못하는 데서 생긴다.…행복한 종교는 예수 그리스도에 대한 명백하고 뚜렷하며 제대로 정의 내린 지식에 근거한다.[11]

성결을 추구함

성경은 성결에 대한 많은 비결을 우리에게 알려 줍니다. 실제로 성경의 주요 목적은 하나님의 백성에게 하나님이 기뻐 받으실 만한 삶을 영위해 나가는 방법을 가르쳐 주는 것입니다. 그런데 예수님이 "진리를 알지니 진리가 너희를 자유롭게 하리라"(요 8:32)라고 약속하시면서 분명 이 문제를 언급하셨음에도 불구하고, 성결을 추구함에 있어 우리는 지성의 역할을 가장 소홀히 여깁니다. 죄의 속박으로부터 우리를 자유롭게 하는 것은 다름이 아니라 바로 그분의 진리에 의해서입니다. 어째서 그럴까요? 자유롭게 하는 진리의 능력은 어디에 있는 것일까요?

먼저 우리는 하나님이 우리가 어떤 인간이길 원하시는지에 대한 분명한 그림을 갖고 있어야 합니다. 하나님의 도덕법과 계명을 알아야 합니다. 존 오언(John Owen)은 율법에 대해 이렇게 말한 바 있습니다.

> 지성은 발견할 수 없고 의지는 선택할 수 없으며 감정은 개입할 여지가 없는 선이다.…그러기에 성경은 지성의 교활함을 거의 모든 죄의 주범으로 진술한다.[12]

이에 대한 가장 좋은 예를 우리는 구세주의 지상 생활에서 볼 수 있습니다. 유대 광야에서 예수님은 사탄에게 세 번이나 유혹을 받으셨습니다. 예수님은 사탄의 유혹이 모두 악하며 하나님의 뜻을 거스르는 것임을 아셨습니다. 예수님은 세 번의 유혹을 모두 '기록되었으되'라는 뜻의 'gegraptai'라는 단어를 사용해 물리치셨습니다. 토론이나 논쟁의 여지를 두지 않으셨습니다. 예수님의 사고 속에서 그 문제에 대한 답은 이미 결정 나 있었던 것입니다. 성경에는 옳은 것만이 진술되어 있기 때문입니다. 하나님의 뜻에 대한 명백한 성경적 지식, 이것이 의로운 생활의 첫 번째 비결입니다.

어떤 존재가 되어야 하는지를 아는 것만으로는 충분하지 않습니다. 우리는 여기서 더 나아가야 하며, 성경적 지식에 우리의 생각을 고정시켜야 합니다. 이 전투의 승리는 거의 언제나 지성에 달려 있습니다. 우리의 성품과 행위를 변화시키는 것은 바로 우리의 마음(mind)이 새롭게 될 때입니다(롬 12:2). 이런 점에서 성경은 계속해서 지성의 훈련을 요구합니다.

> 끝으로 형제들아 무엇에든지 참되며, 무엇에든지 경건하며, 무엇에든지 옳으며, 무엇에든지 정결하며, 무엇에든지 사랑받을 만하며, 무엇에든지 칭찬받을 만하며, 무슨 덕이 있든지 무슨 기림이 있든지 이것들을 생각하라. (빌 4:8)

> 그러므로 너희가 그리스도와 함께 다시 살리심을 받았으면 위의 것을 찾으라(set your minds on). 거기는 그리스도께서 하나님 우편에 앉아 계시느니라. 위의 것을 생각하고 땅의 것

을 생각하지 말라. 이는 너희가 죽었고 너희 생명이 그리스도와 함께 하나님 안에 감추어졌음이라. (골 3:1-3)

육신을 따르는 자는 육신의 일을, 영을 따르는 자는 영의 일을 생각하나니 육신의 생각은 사망이요. 영의 생각은 생명과 평안이니라. (롬 8:5-6)

절제란 원천적으로 지성을 다스리는 것(mind-control)입니다. 우리는 우리의 지성 속에 뿌린 것을 행동으로 거둬들입니다. "지성을 배양하라"라는 말은 기독교 문서 보급을 위해 최근 사용하고 있는 표어인데, 이는 우리의 육체가 영양분을 섭취하듯이 우리의 지성도 영양분을 섭취해야 함을 뜻합니다. 우리의 지성이 어떤 음식을 섭취하느냐가 우리가 어떤 사람이 될 것인가를 결정합니다. 건강한 지성은 건강한 식욕을 갖습니다. 우리는 우리의 지성을 해치는 지적 마약이나 독약이 아닌 건강을 지켜 줄 지적인 음식으로 채워야 합니다.

신약은 우리에게 또 다른 지성의 훈련에 대해 말합니다. 신약은 앞으로 어떤 사람이 되어야 하는 것뿐 아니라, 하나님의 은혜로 우리가 이미 어떤 사람이 되었는가를 생각하라고 말합니다. 하나님이 우리를 위해 무엇을 해주셨으며, 우리 자신에 대해 무어라 말씀하셨는지를 계속해서 기억하라고 말입니다. "하나님은 나를 그리스도의 죽음과 부활을 통해 그리스도와 연합시키셨다. 그래서 옛 삶을 청산하고 그리스도 안에서 전적으로 새로운 삶을 살게 해주셨다. 나를 가족으로 맞아 주시고 그분의 자녀로 삼아 주셨다. 그분의 영을 내게 주시고 내 몸을 성전 삼아 주셨다. 하나님은 나를 그분의 상속자로 삼아 주시고, 천국에서 그분과 더불어 먹고 살 영원한 운명을 약속하셨다. 이것이 그분이 나를 위해 내 안에서 행하신 일이다. 이것이 그리스도 안에 있는 내 모습이다."

바울은 우리에게 이것을 기억하라고 거듭 촉구합니다. 바울은 "너희가 알기를 나는 바란다", "너희가 모르는 것을 나는 원하지 않는다"라고 반복해 말합니다. 그리고 로마와 고린도 교회에 보낸 서신에서는 열 번 가까이 이렇게 반문합니다(롬 6:3, 16; 고전 3:16; 6:9, 15; 5:6; 6:2-3, 16, 19). "너희가 알지 못하느냐?" "무릇 그리스도 예수와 합하여 세례받은 줄을 알지 못하느냐?" "너희 자신을 종으로 드려 누구에게 순종하든지 그 순종함을 받는 자의 종이 되는 줄을 너희가 알지 못하느냐?" "너희가 하나님의 성전인 것과 하나님의 성령이 너희 안에 거하시는 것을 알지 못하느냐?" "불의한 자가 하나님의 나라를 유업으로 받지 못할 줄을 알지 못하느냐?" "너희 몸이 그리스도의 지체인 줄 알지 못하느냐?"

이런 일련의 질문을 통해 바울이 의도한 바는, 우리로 하여금 우리의 무지에 대해 부끄러움을 느끼게 하려는 것이 아닙니다. 오히려 우리 자신에 대해 이미 알고 있는 이 위대한 진리들을 떠올리고, 그 진리가 우리의 생각을 사로잡고 성품을 형성할 때까지 우리 자신에게 말을 하게 하려는 것입니다. 이는 노먼 빈센트 필이 주장하는 낙관주의하고는 다릅니다. 그의 방법이 현재의 우리가 아닌 다른 무엇으로 되게 하려는 것인 반면에, 바울은 우리가 실제로 어떤 존재인가를 상기하도록 합니다. 하나님이 이미 우리를 그리스도 안에서 그렇게 만드셨기 때문입니다.

그리스도인의 인도

하나님이 자신의 백성을 인도하실 것이며 인도하실 능력

이 있음은 주지의 사실입니다. 우리는 이를 성경을 통해, 곧 (잠 3:6의 "네 길을 지도하시리라" 같은) 성경의 약속을 통해, (엡 5:17의 "어리석은 자가 되지 말고 오직 주의 뜻이 무엇인가 이해하라" 같은) 성경의 명령을 통해, (골 4:12의 "너희로 하나님의 모든 뜻 가운데서 완전하고 확신 있게 서기를 구하노니" 같은) 성경의 기도를 통해 알 수 있습니다.

그러면 어떻게 하나님의 뜻을 발견할 수 있을까요? 어떤 그리스도인은 "주님이 나에게 이렇게 말씀하셨어", "이 일을 위해 주님이 나를 부르셨어"라고 말하며 마치 하나님과 직접 통화라도 하고 있는 양 말합니다. 우리는 그런 사람을 믿을 수 없습니다. 또 어떤 사람은 기발한 성경 해석을 통해 하나님이 자신을 세밀하게 인도하신다고 말합니다. 하지만 그 성경 해석이란 게 보통은 자연스러운 이해를 천시하고 문맥은 무시하며 건전한 주석이나 상식에는 거의 근거를 두지 않는 것들입니다.

우리를 향한 하나님의 뜻을 분별하려면, 먼저 하나님의 '일반적인 뜻'과 '특별한 뜻'을 구분해야 합니다. 하나님의 일반적인 뜻은 자신의 모든 백성을 향해 갖고 계신 하나님의 보편적인 뜻인 반면에, 특별한 뜻은 특별한 때에 특별한 사람을 향한 하나님의 뜻입니다. 우리를 향한 하나님의 일반적인 뜻은 하나님의 아들의 형상을 닮아 가는 것입니다. 반면에 하나님의 특별한 뜻은 평생의 직업과 반려자, 시간과 돈과 휴가 사용 같은 문제와 관련되어 있습니다.

일단 이런 구분을 한 후에야 우리는 "하나님의 뜻을 어떻게 발견할 수 있는가?"라고 다시 질문하고 답할 수 있습니다. 왜냐하면 하나님의 일반적인 뜻은 성경 안에 이미 계시되었기 때문입니다. 복잡한 현대의 윤리적 상황에서 하나님의 뜻을 분별하는 일은 결코 쉽지 않습니다. 우리는 성경 해석을 위해 건전한 원리를 가져야 합니다. 연구하고 토론하고 기도해야 합니다. 그럼에도 하나님의 일반적인 뜻과 관련해서는, 하나님의 백성을 향하신 하나님의 뜻은 하나님 말씀 안에 이미 있다는 것이 진리입니다.

반면에 하나님의 특별한 뜻은 성경에서는 찾을 수 없습니다. 왜냐하면 성경은 결코 모순되지 않으며, 하나님의 여러 가족을 향한 하나님의 특별한 뜻은 본질적으로 각각 다르기 때문입니다. 물론 성경에는 특별한 선택을 해야 하는 이들을 위한 일반적 원리들이 들어 있습니다. 실제로 오랜 세월 동안 일부 하나님의 백성은 성경을 통해 매우 세밀한 인도를 받았습니다. 그러나 이것은 하나님이 쓰시는 일반적인 방법이 아닙니다.

한 예로 우리는 한 남자의 결혼 문제에 대해 생각해 볼 수 있습니다(물론 이 예는 여자에게도 동등하게 적용될 수 있습니다). 결혼에 대해 성경은 하나님의 일반적인 뜻, 즉 결혼은 인간을 향한 하나님 선하신 목적이며, 독신은 원칙이 아닌 예외이며, 결혼의 일차적 목적은 동반자 됨이며, 이는 배우자에게 바라야 할 자질이며, 오직 그리스도인과 자유롭게 결혼할 수 있고, 한 사람에 대한 완전하고도 영원한 헌신이며, 성적인 사랑과 연합을 향유할 수 있도록 하나님이 정하신 배경임을 말해 줄 것입니다. 이렇듯 성경은 결혼에 관한 하나님의 일반적인 뜻과 관련된 중요한 진리들을 우리에게 말해 줍니다. 그러나 성경은 우리에게 자신의 배우자가 구체적으로 누구인지에 대해서는 말해 주지 않습니다.

그렇다면 이 중요한 문제를 우리는 어떻게 결정해야 할까요? 한 가지 가능한 답이 있습니다. 하나님이 우리에게 주신 지성과 상식을 활용하는 것입니다. 분명 우리는 하나님이 인도해 주시길 기도하고, 또 지혜롭다면 부모님과 우리를 잘 아는 성숙한 이들의 조언을 구하려 할 것입니다.

그러나 궁극적으로 우리는 하나님이 우리의 사고 과정을 통해 우리를 인도하실 것을 신뢰하고 스스로 결정을 내려야 합니다.

시편 32:8-9은 지성을 어떻게 사용하면 좋을지에 대한 성경적 근거를 제시해 줍니다. 우리는 이 두 구절을 항상 함께 읽어야 하는데, 성경의 균형에 대한 좋은 예이기 때문입니다. 8절은 하나님의 인도에 대해 말합니다. "내가 네 갈 길을 가르쳐 보이고 너를 주목하여 훈계하리로다." 이 말씀은 우리에게 다음과 같은 삼중적 약속을 제시합니다. "내가 너를 가르칠 것이다. 인도할 것이다. 훈계할 것이다." 그러나 시편 기자는 곧바로 9절에 다음의 말을 덧붙입니다. "너희는 무지한 말이나 노새같이 되지 말지어다. 그것들은 재갈과 굴레로 단속하지 아니하면 너희에게 가까이 가지 아니하리로다." 이를 달리 표현하면 이런 뜻입니다. "하나님이 우리를 인도하실 것이다. 그러나 인도하시겠다는 그 약속은 말이나 노새를 인도하듯 하신다는 뜻이 아니다." 하나님은 우리에게 자갈과 굴레를 씌우지 않으십니다. 왜냐하면 우리는 말이나 노새가 아니기 때문입니다. 우리는 인간입니다. 우리에게는 말이나 노새에게 없는 지각이 있습니다. 따라서 우리는 우리를 향한 하나님의 특별한 뜻을 성경과 기도와 동료의 조언으로 계몽된 지각이라는 방법으로 알 수 있습니다.

우리는 성경이 주는 이 경고에 귀 기울여야 합니다. 많은 그리스도인 청년이 하나님이 주신 지성을 사용하기보다 비이성적인 충동이나 "직감" 같은 것에 의지해 행동함으로써 매우 어리석은 실수를 범하고 있습니다. 얼마나 많은 사람이 버나드 바루크(Bernard Baruch)의 다음과 같은 고백을 되풀이하고 있는지 모릅니다. "내가 아는 실패, 내가 범한 실수, 내가 사적·공적 생활에서 본 모든 어리석은 행위는 지각없는 행동의 결과였다."[13]

복음 제시하기

로마서 10장에서 사도 바울은 사람들을 그리스도인이 되게 하기 위한 복음 선포의 필요성을 설득력 있게 주장합니다. 그는 죄인이 주 예수의 이름을 부름으로써 구원받는다고 말합니다. 여기까지는 분명하지 않을 게 없습니다. 그런데 바울은 "그들이 믿지 아니하는 이를 어찌 부르리요. 듣지도 못할 이를 어찌 믿으리요. 전파하는 자가 없이 어찌 들으리요"라고 말한 후, 다음과 같이 결론 내립니다. "그러므로 믿음은 들음에서 나며 들음은 그리스도의 말씀으로 말미암았느니라"(롬 10:13-14, 17).

바울의 논지는 그리스도를 전파하는 데 견실한 내용이 있어야 한다는 것입니다. 예수 그리스도의 신성과 인성, 구원 사역을 충분하게 제시하고 "그리스도를 선포"함으로 하나님이 듣는 자들에게 믿음을 불러일으키실 수 있도록 해야 한다는 것입니다. 바울의 이 복음 전파는 너무 막연한 나머지 무엇을 결정해야 하는지, 또 왜 결정을 해야 하는지를 생각하지 못하게 만드는, 그저 듣는 이들의 '결단'을 촉구하는 감정적이고 반지성적인, 비참한 오늘날의 전도와는 거리가 먼 것입니다.

이제 전도에서의 지성의 역할과, 지적인 복음 선포의 성경적 근거를 신약의 두 가지 사례를 통해 제시해 보겠습니다.

첫 번째 사례는 사도들입니다. 바울은 자신의 전도 사역을 "사람을 권한다"(고후 5:11)라는 말로 요약합니다. '권한다'는 것은 지적인 행위입니다. 권한다는 말은 어떤 것에 대한 마음을 바꾸게 하기 위해 논지를 제시해 설득한다는 뜻입니다. 바울의 지적인 전도 사역을 누가는 사도행전에서 자세히 묘사합니다. 예를 들어, 누가는 바울이 데살로니가에 있는 회당에서 3주 동안 "성경을 가지고 강론하며 뜻을 풀어 그리스도가 해를 받고 죽은 자 가운데서 다시 살아야 할 것을 증명하고 이르되, 내가 너희에게 전하는 이 예수가 곧 그리스도라 하였다"라고 기술하고, 그로 인해 "그중에 어떤 사람이 권함을 받았다"는 결과를 덧붙입니다(행 17:2-4). 바울의 전도 사역에 대한 누가의 이 묘사에서 우리는 누가가 사용한 동사들, 즉 강론하다, 뜻을 풀다, 증명하다, 전하다, 권하다 등이 모두 지성과 관련된 단어들이라는 사실을 주목할 필요가 있습니다. 이 동사들은 우리에게 바울이 교리 체계를 가르치고 있으며, 결론을 위해 논증하고 있음을 보여 줍니다. 바울이 지금 사람들을 회심시키기 위해 설득하고 있다는 것입니다. 우리는 전도를 한 후 "어떤 사람이 회심한 것에 대해 하나님께 감사드린다"고 말하는데, 이는 우리가 신약의 어휘에서 이탈해 있음을 보여 주는 표시입니다. "어떤 사람이 권함을 받은 것에 대해 하나님께 감사드린다"는 말은 더 성경적이진 않더라도, "어떤 사람이 회심한 것에 대해 하나님께 감사드린다"는 말과 동등한 정도로는 성경적입니다. 적어도 데살로니가에서 바울이 전도했을 때 누가는 그렇게 말했습니다.

바울이 몇몇 도시, 특히 에베소에서 오랫동안 머물러야 했던 이유는 바울의 전도에 이성적 특성이 있었기 때문이었습니다. 바울은 처음 3개월을 회당에서 보내면서 "담대히 하나님 나라에 대하여 강론하며 권면했습니다." 나중에 바울은 회당에서 나와 세속적인 강연장으로 추측되는 두란노 서원을 빌려 '날마다 강론'했습니다. 어떤 사본은 그의 강론이 5시부터 10시까지, 즉 아침 11시부터 오후 4시까지 계속되었다고 말하는데, 누가는 이렇게 '두 해 동안' 했다고 전합니다. 바울이 일주일에 6일을 2년 동안 매일 5시간씩 강론했다면, 시간으로 환산하면 약 3,120시간에 달합니다. 이 계산이 맞는다면, "아시아에 사는 자는 다 주의 말씀을 듣더라"라는 누가의 보고는 결코 놀라운 일이 아닙니다(행 19:8-10). 왜냐하면 당시 아시아 지방의 수도였던 에베소에 수많은 사람이 상업적인 목적, 법률적이고 정치적인 목적, 친척 방문 같은 개인적인 목적 등의 다양한 이유로 이 도시로 몰려들었을 것이고, 당시 큰 화제를 불러일으키고 있던 바울의 강론을 들었으리라 충분히 추측할 수 있기 때문입니다. 만약 우리도 그 도시에 있었다면 언제든 바울의 강론을 들을 수 있었을 것입니다. 수많은 사람이 바울의 강론을 듣기 위해 모여들었고, 진리에 권함을 받고 거듭난 후 자신의 마을로 돌아갔을 것입니다. 이렇게 하나님의 말씀은 모든 지방으로 두루 퍼져 나갔습니다.

전도가 이성적으로 복음을 제시하는 것이었다는 두 번째 신약의 증거는, 성경이 회심을 그리스도가 아니라 진리에 대한 반응이란 관점에서 묘사한다는 사실입니다. 그리스도인이 된다는 것은 진리를 믿는 것, 진리에 순종하는 것, 진리를 인정하는 것입니다. 바울도 로마 독자를 "전하여 준 바 교훈의 본을 마음(mind)으로 순종한" 자라고 묘사합니다(롬 6:17). 이러한 표현으로 볼 때, 초대교회 전도자들의 복음 제시는 그리스도에 대한 주요 교리를 가르치는 것이었음이 분명합니다.

이번에는 이성적인 전도를 비판하는 견해에 대해 다뤄 보겠습니다.

첫 번째 비판은 그런 식의 이성적인 전도는 사람들의 지적 자만심을 부추긴다는 것입니다. 분명히 그럴 수 있습니다. 우리는 이런 위험을 경계해야 합니다. 그러나 동시에 인간의 지적 자만을 부추기는 것(이는 꼭 피해야 합니다)과 인간의 지적 정직성을 존중하는 것(이는 반드시 해야 합니다) 사이에는 본질적으로 차이가 있음을 알아야 합니다.

두 번째 비판은 이성적인 전도는 교육을 제대로 받지 못한 사람들에게서 복음을 들을 기회를 박탈한다는 것입니다. 아닙니다! 결코 그렇지 않습니다. 최소한 그러지 않아야 합니다. 바울처럼 우리 모두 "지혜 있는 자나 어리석은 자에게 다 빚진 자"입니다(롬 1:14). 복음은 사람들의 교육 수준과 아무런 상관없이 모든 사람을 위한 것입니다. 물론 앞에서 말한 예수 그리스도를 충만하게 제시하는 전도는 모든 사람에게, 어른뿐 아니라 어린아이에게도, 문명인뿐 아니라 미개인에게도, 지식인뿐 아니라 원주민에게도 연관되어 있습니다. 왜냐하면 복음을 제시한다는 것은 철학적인 용어나 어려운 단어를 사용하는 학문적인 것이 아니라 이성적인 것을 뜻하기 때문입니다. 교육을 받지 못한 사람도 교육 받은 사람만큼 이성적입니다. 그들의 지성은 특별한 방식으로 사고하도록 훈련을 받지 않았을 뿐입니다. 물론 우리는 마셜 맥루한(Marshall McLuhan)과 그의 지지자들이 말한 직선적 사고와 비직선적 사고 사이의 구분도 주의해야 합니다. 하지만 분명 그들도 생각합니다. 하나님이 인간을 생각하는 존재로 만드셨기에, 모든 인간은 생각합니다. 아름답도록 단순한 예수님의 가르침은 분명 그분의 말씀을 듣는 이들을 생각하게 했습니다. 그분은 청중에게 하나님과 인간과 그분 자신과 하나님 나라와 이생과 내세에 대한 위대한 진리들을 설명하셨습니다. 그리고 이야기되고 있는 그 문제에 대해 생각해 볼 것을 촉구하는 난처한 질문들로 자신의 비유들을 매듭지으셨습니다.

따라서 우리는 복음을 왜곡하거나 희석하지 않으면서도 사람들이 복음을 따를 수 있도록 복음을 평이하게 전하되 진리의 말씀을 분별할 수 있도록 해야 합니다. "아무나 천국 말씀을 듣고 깨닫지 못할 때는 악한 자가 와서 그 마음에 뿌려진 것을 빼앗지" 못하게 말입니다(마 13:19). 우리는 복음을 다른 사람들에게 서투르게 설명해 그들을 사탄에게 넘겨주지 않도록 조심해야 합니다.

세 번째 비판은 이성적인 전도는 성령님의 역사를 제한하고 전도에서 그분을 배제시킨다는 것입니다. 물론 성령님의 능력이 빠진 전도는 생각할 수 없습니다. 그러나 복음에 교리적인 내용을 부여하는 것과 복음의 진리와 적실성을 드러내기 위해 논증을 사용하는 것은 자만과 불신의 표시라거나, 성령님을 더 많이 신뢰하면 모든 교리와 논증은 생략해도 된다는 가정은 완전히 잘못된 것입니다. 사실은 정반대입니다. 성령님과 복음을 이성적으로 제시하는 것과 성령님을 정반대에 놓는 것은 잘못된 대조입니다.

바울이 고린도 교인들에게 말한, 자신이 하지 않기로 결심했다는 것은 (자신의 메시지의 본질로서의) 이 세상의 지혜와 (복음을 제시하는 방법으로서의) 헬라인의 수사법이었습니다. 바울은 이 세상의 지혜 대신에 그리스도와 그분의 십자가만을 전하고, 수사법 대신에 성령님의 능력에 의존하기로 결심했던 것입니다. 바울은 여전히 교리와 논증을 사용했습니다.

그레스햄 메이첸(Gresham Machen)은 「현대 세계에서의 기독교 신앙」(*The Christian Faith in the Modern World*)에서 이 문제를 다음과 같이 탁월하게 표현했습니다.

중생에는 분명 하나님의 영의 신비로운 역사가 있다. 그렇지 않다면, 우리의 모든 논증은 아무런 쓸모가 없다. 그러나 논증이 충분하지 않다고 논증이 불필요한 것은 아니다. 중생에 나타난 성령님의 역사는 증거와 상관없이 사람들을 그리스도인으로 만드는 것이 아니라, 오히려 사람의 눈에서 안개를 제거해 증거를 볼 수 있게 한다.[14]

독일의 조직신학자 볼프하르트 판넨베르크(Wolfhart Pannenberg)도 그의 「신학에 관한 기본 문제들」(*Basic Questions in Theology*)에서 이와 비슷한 주장을 합니다.

성령님께 호소한다고 설득력 없는 메시지가 설득력을 얻는 것이 아니다.…논증과 성령님의 역사는 경쟁 관계가 아니다. 성령님을 신뢰하면서도 사고하고 논증하는 것을 바울은 결코 주저하지 않았다.[15]

따라서 우리는 온전한 인간(지·정·의)에게, 온전한 복음(그리스도의 성육신과 십자가와 부활과 재림과 그 외 필수적인 것)을 전해야 합니다. 우리는 사람들의 의지를 움직이기 위해 지성과 논쟁하고, 감정에 호소해야 합니다. 그러면서 지속적으로 성령님을 신뢰해야 합니다. 우리에게는 (인간이지만 신이 아닌, 죽음이 아니라 생애만 강조하는, 부활이 빠진 십자가를 제시하는, 구세주이

지만 주님은 아닌) 부분적인 그리스도를 제시할 자유도, 사람들에게 (마음이 빠진 지성, 지성이 빠진 마음, 의지가 빠진 지성이나 마음 같은) 부분적인 반응을 요구할 권리도 없습니다. 그렇습니다! 우리의 목표는 온전한 인간을 온전한 그리스도에게 인도하는 것이며, 이것은 지적이고 감정적이며 의지적인 충만한 동의를 요구합니다.

하나님이 새로운 세대의 기독교 변증론자와 기독교 전달자들을 불러 세워 주시기를 간절히 기도합니다. 성경적 복음에 대한 전적인 충성과 성령님의 능력에 대한 견고한 확신에다 그 복음의 현대적 대안들에 대한 깊고 섬세한 이해를 결합하고자 하며, 신선함과 예리함과 권위와 적실성을 가지고 전자를 후자와 연관시키고자 하고, 그리스도를 위해 다른 이의 지성을 움직이는 데 자신의 지성을 사용하고자 하는 사람들을 말입니다.

사역과 은사

지성이 중요한 역할을 하는 여섯 번째이자 마지막 영역은 기독교적 사역입니다. 우리는 모든 사역에 지성을 사용해야 하지만, 특히 교회의 목회 사역에서 그래야 합니다.

사역의 내용과 그 사역을 위해 하나님 백성의 자격을 갖추도록 구비시키는 성령의 은사(*charismata*)에 대한 새로운 관심이 최근 일고 있습니다. 모든 영적 은사는 (다양한) 사역을 위한 것입니다. 은사는 '서로'의 유익을 위해 사용하도록 주어졌고(고전 12:7; 벧전 4:10-11), 그리스도의 몸 된 교회를 세우고 성장시키는 데 그 목적이 있습니다. 그렇기 때문에 가장 선망되고 높이 평가되는 은사가 가르치는 은사입니다. 교회의 '덕'을 가장 세우는 은사가 바로 이 가르치는 은사이기 때문입니다.

지역 교회에 대한 목회적 관심이 있는 장로들은 가르치는 은사를 갖추고 있어야 합니다. 그러면 장로 사역의 본질과 그에 따른 자질에 대해 살펴보겠습니다.

장로의 사역은 특별히 목회 사역이며, 목회 사역은 가르치는 사역입니다. 이를 자세히 설명해 보겠습니다. 장로는 최고의 목자이신 그리스도께 그분의 양들을 보살피도록 위임받은, 특히 양들을 먹이도록(가르치도록) 명령을 받은 목자, 곧 목회자입니다.

그래서 사도 바울은 에베소 교회의 감독들에게 다음과

같이 말했던 것입니다. "여러분은 자기를 위하여 또는 온 양 떼를 위하여 삼가라. 성령이 그들 가운데 여러분을 감독자로 삼고 하나님이 자기 피로 사신 교회를 보살피게 하셨느니라"(행 20:28).

부활하신 주님에게서 그분의 양들을 보살피고 먹이라는 명령을 세 번이나 받은(요 21:15-17) 사도 베드로도 나중에 장로들에게 "너희 중에 있는 하나님의 양 무리를 치되…"(벧전 5:2)라고 씁니다.

목가적 비유로 넌지시 말했지만, 지역 교회의 장로는 궁극적으로 "각 사람을 그리스도 안에서 완전한 자로 세우고", 이 목표를 이루기 위해 "각 사람을 권하고 모든 지혜로 각 사람을 가르쳐" 그리스도를 온전하게 선포할 책임이 있습니다(골 1:28). 그리스도인의 영적인 성장은 성경 안에 표상되어 있고, 사역에 의해 선포된 그리스도를 아는 지식에 의해서 이루어집니다.

사역에 필요한 자질은 사역의 본질과 맞닿아 있습니다. 모든 목회 후보생들과 장로는 성경적 믿음과 그것을 가르칠 수 있는 은사가 있어야 합니다. 그는 정통(orthodox)이어야 합니다. "감독은…미쁜 말씀의 가르침(*Didache*, 사도들의 가르침)을 그대로 지켜야 하리니, 이는 능히 바른 교훈으로 권면하고 거슬러 말하는 자들을 책망하게 하려 함이라"(딛 1:9; 딤전 4:13; 딤후 2:15). 또 '가르치기를 잘' 해야 합니다(딤전 3:2; 딤후 2:24). 이 두 가지가 목회 사역을 하는 장로의 필수불가결한 자질입니다. 장로는 *Didache*, 즉 가르침에 충실해야 하고, *Didaskos*, 즉 가르치는 선생이 되어야 합니다.

이 자질은 장로가 사역을 준비하고 훈련하도록, 즉 연구에 매진하도록 만듭니다. 우리는 모든 일에 하나님의 일꾼으로 자천하기 원하는 사람은 인내와 순결과 오래 참음과 자비와 사랑에 의해서뿐 아니라 지식에 의해서도 그래야 한다는 바울의 말에 귀 기울여야 합니다(고후 6:6).

1970년 11월 런던에서 빌리 그레이엄(Billy Graham) 목사는 600여 명의 목사들 앞에서 자신의 사역을 돌아볼 기회를 가졌습니다. 그러면서 그는 자신이 다시 사역을 한다면 전보다 세 배는 더 공부할 것이라고 다짐하며 "나는 너무 많이 전했고 너무 적게 연구했습니다"라고 고백했습니다. 저는 그의 말에 매우 감사했습니다. 다음 날 그는 개인적인 자리에서 도널드 그레이 반하우스(Donald Greay Barnhouse) 목사가 했던 말을 나에게 들려주었습니다. "나에게 주님을 섬길 시간이 삼 년밖에 남지 않았다면, 나는 그중 이 년을 공부하고 준비하는 데 보낼 것입니다."

이 가르치는 사역을 위해 하나님이 더 많은 사람을 불러 세우시리라, 나는 확신합니다. 하나님은 지성적으로 깨어 있고, 성경적인 확신을 갖고 있으며, 가르치는 일에 재능이 있는 이들을 부르시고, 그들을 전 세계의 주요 도시와 대학에 세우실 것입니다. 그곳에서 그들은 에베소에 있는 두란노 서원의 바울처럼 성경을 연구하고 그것을 현대 세계에 적용시키는 지적이고 체계적인 교수 사역을 실천할 것입니다. 그리고 하나님의 선하신 인도를 받은 이 신실한 사역은 그들의 회중을 기독교적으로 성장시킬 뿐 아니라, 이 사역의 영향을 받아 찾아온 방문자들을 통해 이 축복이 널리 퍼지게 할 것입니다.

4. 지성에 근거한 행동

앞서 프라이팬에서 나와 불로 뛰어들 위험, 즉 무미건조한 반지성주의에서 메마르기가 매한가지인 초지성주의로 뛰어드는 잘못된 반작용의 위험에 대해 말한 바 있습니다. 한 가지 사실만 기억해도, 우리는 이 위험을 쉽게 피할 수 있습니다. 그것은 하나님이 의도하신 지성은 그것 자체가 목적이 아니라 다른 목적을 위한 도구라는 사실입니다.

지금까지 우리는 그리스도인의 삶에서 지성이 중요한 역할을 차지하는 여섯 가지 영역—예배, 믿음, 성결, 인도, 전도, 사역—을 개관해 왔습니다. 이런 일들이 지성을 사용하고 성경적 지식을 얻어야만 가능하다면, 또한 성경적 지식은 우리를 이 영역들로 이끌어 각각의 영역에서 그리스도인의 삶을 풍성하게 경험하게 한다는 점도 깨달아야 합니다. 지식은 지식에 입각해 행동해야 할 엄중한 책임, 즉 지식을 합당한 행동으로 변환해야 할 책임을 수반합니다. 이제 이를 좀더 자세히 살펴보겠습니다.

첫째, 지식은 예배로 인도해야 합니다. 하나님에 대한 참된 지식은, 우리를 뛰어난 지식으로 자만에 빠지게 하는 것이 아니라, 순전한 경이감에 사로잡혀 하나님 앞에 무릎 꿇고 "깊도다, 하나님의 지혜와 지식의 풍성함이여! 그의 판단은 헤아리지 못할 것이며 그의 길은 찾지 못할 것이로다"라고 외치게 만듭니다(롬 11:33). 우리의 지식이 우리를 메마르고 차갑게 만들 때는 무엇인가 잘못되어 가고 있는 것입니다. 왜냐하면 그리스도께서 성경을 열어 우리에게 가르칠 때, 우리의 마음이 뜨거워질 수밖에 없기 때문입니다(눅 24:32). 하나님을 알수록 하나님을 더 사랑해야 합니다. 핸들리 모울(Handley Moule) 감독은 "헌신이 없는 신학과 신학적 배경이 없는 헌신을 똑같이 경계해야 한다"고 말한 바 있습니다.

둘째, 지식은 믿음으로 인도해야 합니다. 우리는 앞서 지식이 믿음의 기초이며, 믿음을 합리적이게 한다는 사실을 살펴보았습니다. 시편 기자는 "주의 이름을 아는 자는 주를 의지하오리니"라고 말합니다(시 9:10). 믿음을 이끄는 것은 하나님의 본질과 성품에 대한 지식입니다. 지식이 없으면 믿을 수 없듯이 믿음이 없다면 알 수도 없습니다. 즉 우리는 믿음으로 하나님이 우리에게 계시하시는 진리를 꼭 붙잡아야 합니다. 실제로 하나님의 메시지는 듣는 자가 들은 것을 믿음과 결부시키지 않으면 아무 유익도 없습니다(히 4:2). 그래서 바울은 "우리의 마음의 눈이 밝아져 부활에 나타난 하나님의 능력의 지극히 크심이 어떤 것을 알게 되기를" 바라면서, 여기에 "하나님이 그리스도 안에서 성취하신 이 능력이 믿는 우리에게도 역사하실" 것이라고 덧붙입니다. 여기서 우리가 가장 먼저 해야 할 것은 우리의 지성으로 하나님의 능력의 지극히 크심을 아는 것입니다. 그러나 이 지식은 우리로 하여금 믿음으로 우리의 삶 가운데 그분의 능력을 갖도록 인도해야 합니다(엡 1:18-20).

셋째, 지식은 성결로 인도해야 합니다. 우리가 어떤 존재가 되어야 하고, 이미 어떤 존재인지를 더 확실하게 아는 것이 어떻게 우리를 변화시킬 수 있는지에 대해서는 앞에서 살펴봤습니다. 이번에는 지식을 쌓는 만큼 지식을 실천해야 할 책임이 어떻게 커지는지를 살펴보겠습니다. 성경에 다양한 예가 있습니다. 시편 119편은 하나님의 율법을 알고 싶어 하는 열망으로 가득 차 있습니다. 그 이유가 뭘까요? 율법에 더 잘 순종하기 위해서입니다. "나로 하여금 깨닫게 하여 주소서. 내가 주의 법을 준행하며 전심으로 지키리이다"(시 119:34). 우리 주님은 열두 제자에게 이렇게 말씀하셨습니다. "너희가 이것을 알고 행하면 복이 있으리라"(요 13:17). 바울도 우리에게 말합니다. "너희는 내게 배우고 받고 듣고 본 바를 행하라"(빌 4:9). 야고보 또한 동일한 원리를 강조하면서 자신의 독자들에게 "너희는 말씀을 행하는 자가 되고 듣기만 하는 자가 되지 말라"고 권고하고, 행함이 없는 믿음은 귀신들도 갖고 있는 죽은 정통(dead orthodox)에 불과하다고 경고합니다(약 1:22-25; 2:14-26).

올리버 크롬웰(Oliver Cromwell)의 군목이었던 청교도 토마스 맨튼(Thomas Manton) 목사는 순종하지 않는 그리스도인을 구루병을 앓는 어린아이에 비유해 이렇게 말했습니다.

구루병은 머리는 크게 자라게 하고 다리는 약하게 하는 병이다. 우리는 말씀에 대해 토론하고 이야기할 뿐 아니라 그것을 지켜야 한다. 귀로 듣기만 해서도 안 되고, 머리로 생각하기만 해서도 안 되며, 혀로 나불대기만 해서도 안 된다. 다리를 써야 한다![1]

넷째, 지식은 사랑으로 인도해야 합니다. 우리는 알게 된 것을 다른 사람과 나누고, 그 지식이 다른 사람을 섬기는 데—전도든 목회 사역이든—사용되기를 바라야 합니다. 때로 우리의 사랑이 우리의 지식을 견제하려고 합니다. 지식 자체는 냉혹해지기 쉽기 때문입니다. 그러기에 지식은 사랑이 줄 수 있는 감수성을 필요로 합니다. 이것이 바울이 "지식은 교만하게 하며 사랑은 덕을 세우나니"라고 했을 때 의미했던 바입니다(고전 8:1). 바울이 말하는 "지식 있는" 사람이란, 하나님은 오직 한 분이시며 우상은 아무것도 아니기에 우상에게 바쳐졌던 음식을 먹지 않을 어떤 신학적 이유도 없다는 것을 잘 알고 있는 그리스도인이었습니다. 하지만 스스로 삼가야 할 실제적인 이유가 있을 수 있습니다. 왜냐하면 어떤 그리스도인은 이런 지식을 갖추고 있지 못해 그 결과 그들의 양심이 '약했기' 때문입니다. 즉 지식이 없어 양심이 매우 약해진 것입니다. 그들은 우상을 섬기다가 회심은 했지만 양심상 우상에게 바친 제물을 먹을 수 없었습니다. 따라서 '강한' 또는 지식이 있는 그리스도인은 '약한' 형제의 양심이 다치지 않도록 삼가야 합니다. 먹을 양심의 자유가 있더라도 사랑은 그 지식이 부여한 자유를 제한할 것이기 때문입니다. 바울이 몇 장 뒤에서 "내가…모든 비밀과 모든 지식을 알지라도…사랑이 없으면 내가 아무것도 아니요"라고 말한 이유가 이것이었을 것입니다(고전 13:2).

이 경고들에 귀 기울이십시오. 지식은 그리스도인의 삶과 사역에서 결코 분리되지 않습니다. 하나님이 주신 지성을 사용하지 않는 것은, 자신을 영적 천박함이란 죄에 내던지는 것이며, 스스로를 하나님의 부요한 은혜로부터 단절시키는 것입니다. 동시에 지식은 더 높은 수준의 예배, 더 큰 믿음, 더 깊은 성결, 더 나은 사역으로 인도하기 위해 받은 것입니다. 우리는 지식에 따라 행동하는 한, 더 적은 지식이 아니라 더 많은 지식을 바라야 합니다.

이런 지식을 어떻게 얻을 수 있을까요? 이 질문에 대해서는 찰스 시메온(Charles Simeon)의 설교로 답하는 것보다 더 좋은 방법은 없을 것입니다.

> 신령한 지식을 얻으려면, 우리는 성령님에 대한 의존과 우리의 연구를 결합해야 한다. 그런즉 하나님이 이와 같이 결합하신 것을 나누려고 해서는 안 된다.[2]

다시 말해 기도하고 연구하라는 뜻입니다. 이것이 다니엘이 하나님께 들었던 말씀입니다. "다니엘아, 두려워하지 말라. 네가 깨달으려 하여 네 하나님 앞에 스스로 겸비하게 하기로 결심하던 첫날부터 네 말이 응답받았으므로…"(단 10:12). 사실 이해를 위해 지식을 정비하는 것과 하나님 앞에서 자신을 낮추는 것 모두 신적 진리를 향한 인간의 갈망의 표시입니다. 이 갈망은 분명 채워질 것입니다. 열심히 찾는 자는 깨달을 것이라고 하나님은 분명히 약속하셨기 때문입니다.

> 내 아들아 네가 만일 나의 말을 받으며 나의 계명을 네게 간직하며, 네 귀를 지혜에 기울이며, 네 마음을 명철에 두며 지식을 불러 구하며, 명철을 얻으려고 소리를 높이며, 은을 구하는 것같이 그것을 구하며, 감추어진 보배를 찾는 것같이 그것을 찾으면 여호와 경외하기를 깨달으며, 하나님을 알게 되리니. 대저 여호와는 지혜를 주시며 지식과 명철을 그 입에서 내심이니라. (잠 2:1-6)

주

1. 지성을 잃어버린 기독교

1) Richard Neville의 Play Power에 대한 *Guardian Weekly*(1970. 2. 28) 서평 중에서.

2. 지성의 성경적 기초

1) *Humanism*(Harmondsworth: Penguin, 1968), p. 101에서 H. J. Blackham가 인용함.
2) *The Times*(1959. 12. 8). 뉴욕 UN 특파원이 인용함.
3) James Orr, *The Christian View of God and the World*(Grand Rapids: Eerdmans, 1954), pp. 20-21. 1893년에 초판이 출간됨.
4) *The Christian Mind*(London: SPCK, 1963), p. 43. 「그리스도인 어떻게 사고해야 하는가」(두란노서원).
5) 같은 책, p. 50.
6) 같은 책, p. 3.

3. 지성과 그리스도인의 삶

1) 이 이야기는 *Christ the Controversialist*(Downer Glove: IVP, 1970)에서 사용한 바 있다. 「논쟁자 그리스도」(성서유니온).

2) Norman Vincent Peale, *The Power of Positive Thinking* (Tadworth: World's Work, 1953), p. 220. 「긍정적 사고방식」(세종문고).
3) 같은 책, p. 223.
4) 같은 책, pp. 118-119.
5) 같은 책, p. 126.
6) 같은 책, p. 169.
7) 같은 책, p. 302.
8) *Guardian Weekly*(1971. 3. 20). Adam Raphael과의 인터뷰.
9) D. Martyn Lloyd-Jones, *Studies in Sermon on the Mount* (Grand Rapids: Eerdmans, 1960), pp. 129-130. 「산상설교」(정경사).
10) Thomas Carmmer, *On the Lord's Supper*(Parker Society edition, 1844), p. 352.
11) J. C. Ryle, *Expository Thoughts on the Gospel*(Grand Rapids: Zondervan, 1955), IV, p. 321, p. 380. 「사복음서 강해」(CLC).
12) John Owen, *A Discourse Concerning the Holy Spirit*(1668), p. 111.
13) *Managing Your Time*(Grand Rapids: Zondervan, 1967), p. 120에서 Ted. Engstrom과 Alec Mackenzie가 인용함.
14) J. Gresham Machen, *The Christian Faith in the Modern World*(Grand Rapids: Eerdmans, 1947), p. 63. 1936년에 초판이 발간됨.
15) Wolfhart Panneberg, *Basic Questions in Theology*(London: SCM, 1971), II, pp. 34-35.

4. 지성에 근거한 행동

1) Thomas Manton, *An Exposition of John 17*(Sovereign Grace Book Club, 1958), p. 117.
2) 설교집 975번의 결론.

옮긴이 **한화룡**은 경희대와 합동신학교를 졸업한 후 미국 풀러 신학교와 웨스트민스터 신학교에서 도시 선교(D. Min)를 공부했으며, 현재 백석대학교 기독교학부 교수로 있다. 저서로 「도시 선교」, 「4대 신화를 알면 북한이 보인다」(이상 IVP)가 있고, 역서로 「가난한 시대를 사는 부유한 그리스도인」, 「가난한 자들의 친구」, 「하나님 백성의 선교」, 「홍등가의 그리스도」, 「BST 선교」(이상 IVP), 「세계 교회의 미래」, 「하나님의 선교」(이상 공역, IVP) 등이 있다.

생각하는 그리스도인

초판 발행_ 1984년 9월 5일
개정판 발행_ 2015년 1월 27일
개정판 6쇄_ 2023년 12월 5일

지은이_ 존 스토트
옮긴이_ 한화룡
펴낸이_ 정모세

펴낸곳_ 한국기독학생회출판부
등록번호_ 제2001-000198호(1978. 6. 1)
주소_ 04031 서울시 마포구 동교로 156-10
대표 전화_ (02)337-2257 팩스_ (02)337-2258
영업 전화_ (02)338-2282 팩스_ 080-915-1515
홈페이지_ http://www.ivp.co.kr 이메일_ ivp@ivp.co.kr
ISBN 978-89-328-1405-6

ⓒ 한국기독학생회출판부 2015

책값은 뒤표지에 있습니다.
무단 전재와 복제를 금합니다.